Werkstattunterricht

1./2. Schuljahr

Märchen

schubi
westermann

Bernd Jockweg, Andrea Schepers · Illustrationen: Anne Wöstheinrich

Kopierrecht

Das Werk und seine Teile sind urheberrechtlich geschützt.
Mit dem Kaufpreis ist das Kopierrecht für den persönlichen Unterrichtsgebrauch abgegolten.
Jede weitere Vervielfältigung ohne ausdrückliche Genehmigung des Verlages ist untersagt. Ohne solche Genehmigung dürfen weder das Werk noch seine Teile in ein Netzwerk gestellt werden. Dies gilt sowohl für das Internet wie auch für Intranets von Schulen oder sonstigen Bildungseinrichtungen.

Autoren: Bernd Jockweg, Münster (D)
Andrea Schepers, Papenburg (D)

Beraterteam Deutschland: Maria Holtappels, Dagmar Rottig, Ulrike Tönnißen

Beraterteam Schweiz und Redaktion:
Cornelia Hausherr, Winterthur
Susan Edthofer, Engelburg
Ursula Gnädinger, Schaffhausen

Illustrationen: Anne Wöstheinrich, Münster (D)
Grafische Gestaltung: Albert Bartel, Münster (D)

© 2007 SCHUBI Lernmedien AG
CH-8207 Schaffhausen
service@schubi.com
www.schubi.com

6. Auflage 2023

ISBN 978-3-86723-015-5

No 114 24

Vorwort des Autors

Wie unterrichtet man in einer Klasse, in der Kinder lernen, die bei der Einschulung schon Entwicklungsunterschiede von bis zu drei Jahren aufweisen? Wie geht man mit einer Klasse um, in der neben Kindern, die schon lesend in die Schule kommen, Kinder sitzen, die in ihrem Leben noch nie Erfahrungen mit Schriftsprache gemacht haben, weil zu Hause niemand liest oder schreibt?

Zu diesen Fragen kam an unserer Schule die Einführung des jahrgangsübergreifenden Unterrichts. Dadurch erweiterte sich die Spanne von unterschiedlichen Lernerfahrungen noch ein wenig mehr. Gleichschrittige Unterrichtswerke, die von einem „Durchschnittskind" ausgehen, waren hier endgültig keine Lösung mehr.

Alternative Unterrichtsformen waren gefordert, aber es fehlten bisher gerade für den Anfangsunterricht praktikable Unterrichtsmaterialien, die auf die unterschiedlichen Lernerfahrungen der Kinder, aber auch der Lehrerinnen und Lehrer Rücksicht nehmen.

So ist ein Konzept entstanden, das sowohl in jahrgangsübergreifenden Eingangsklassen 1/2 als auch in Jahrgangsklassen (1. oder 2. Schuljahr) erfolgreich eingesetzt wurde. Als einen Baustein dieses Konzeptes halten Sie eine Werkstatt in den Händen, die so aufgebaut ist, dass sie Angebote bietet für eine ganze Bandbreite von Kindern in ihrem ersten und zweiten Lernjahr: ob die Kinder erst am Anfang ihres Lernprozesses stehen oder ob sie schon vielfältige Erfahrungen gemacht haben, möglicherweise schon lesen und schreiben können.

Ich wünsche Ihnen und Ihrer Klasse mit der vorliegenden Werkstatt viel Vergnügen.

PS: Aus Gründen der Lesbarkeit und um nicht überall „die Lehrerin/der Lehrer" schreiben zu müssen, wird im Text nur die weibliche Form verwendet in der Hoffnung, dass sich die männlichen Kollegen genauso angesprochen fühlen.

Inhalt

3 Vorwort
6 Themenübersicht aller Werkstätten

Lehrerkommentar

8 Grundsätzliches zum Werkstattunterricht
9 Organisatorische Hinweise zu dieser Werkstattreihe
10 Inhaltliche Hinweise zur Werkstatt „Märchen"

Auftragsübersicht

14 Erläuterungen zu den Arbeitsaufträgen

Auftragskarten

20 Kennst du diese Märchen? (1)
  Märchenfiguren (2) – D
  Märchenfiguren (2) – CH
21 Lesekarten: 7 Märchen (3)
  Lesen, malen und schreiben (4)
  Die Sterntaler (5)
22 Hans im Glück (6)
  Dornröschen (7)
  Schneewittchen (8)
23 Märchenhaftes Rechnen (9)
  Die verschwundenen Punkte (10)
  Lieblingsmärchen (11)
24 Mein Märchen (12)
  Gedicht: Märchen-Elfchen (13)
  Märchen-Memospiel (14)
25 Wörter aus uralten Zeiten (15) – D
  Wörter aus uralten Zeiten (15) – CH
26 Faltheft: Zauberdinge (16)
  Zauberspiegel – Märchenwörter suchen (17)
27 Zauberspiegel – Spiegelwörter lesen (18)
  Märchenhafte Paare (19)
  Ein Wort zu viel (20)

28 Leere Kopiervorlagen für eigene Auftragskarten (1/3 und 2/3 A4)
29 Leere Kopiervorlagen für eigene Auftragskarten (1/2 und 1/2 A4)
30 Leere Kopiervorlagen für eigene Auftragskarten (A4)

Arbeitsblätter

32	Kennst du diese Märchen? (1)
34	Märchenfiguren (2)
35	Lesen, malen und schreiben: einfache Variante (4)
36	Lesen, malen und schreiben: schwierigere Variante (4)
37	Die Sterntaler (5)
38	Hans im Glück (6)
39	Dornröschen (7)
40	Schneewittchen (8)
41	Märchenhaftes Rechnen (9)
42	Die verschwundenen Punkte (10)
43	Lieblingsmärchen (11)
44	Gedicht: Märchen-Elfchen (13)
45	Wörter aus uralten Zeiten (15)
46	Faltheft: Zauberdinge (16)
47	Zauberspiegel – Märchenwörter suchen (17)
48	Zauberspiegel – Spiegelwörter lesen (18)
49	Märchenhafte Paare (19)
50	Ein Wort zu viel (20)

Kontrolle und Zusätze

52	Lehrerkontrolle
53	Werkstattpass
54	Schmuckblatt liniert
55	Schmuckblatt unliniert
56	Märchen-Themenheft

Anhänge und Extras

58	Fingerspiel „Das Hexeneinmaleins"
59	Märchenhafte Gedichte „Die vergesslichen Räuber", „Zweierlei Musik"
60	Tanzspiel „Dornröschen war ein schönes Kind"
61	Murksmärchen „Der Wolf und die sieben Geißlein"
63	Mein Märchen: Kartei (Auftragskarte 12)
75	Lesekarten: einfache Variante (Auftragskarte 3)
77	Lesekarten: schwierigere Variante (Auftragskarte 3)
79	Märchen-Memospiel (Auftragskarte 14)
87	Buchstabentabelle

Themenübersicht aller Werkstätten

Titel	Möglicher Zeitraum
In der Schule (No 114 20)	Schulanfang (August)
Ich und meine Familie (No 114 30)	Schulanfang (August)
Auf dem Bauernhof (No 114 21)	September/Oktober
Der Apfel (No 114 31)	September/Oktober
Im Herbst – Der Igel (No 114 22)	Oktober/November
Unsere Umwelt (No 114 32)	Oktober/November
Die Sterne (No 114 23)	Dezember
Weihnachten (No 114 33)	Dezember
Märchen (No 114 24)	Januar/Februar
Licht und Schatten (No 114 34)	Januar/Februar
Magnetismus (No 114 25)	Februar/März
Kunst – Niki de Saint Phalle (No 114 35)	Februar/März
Bauen und konstruieren (No 114 26)	März/April
Meine Sinne (No 114 36)	März/April
Im Frühling (No 114 27)	April/Mai
Gesunde Ernährung (No 114 37)	April/Mai
Rund ums Rad (No 114 28)	Mai/Juni
Computer und Co. (No 114 38)	Mai/Juni
Wasser (No 114 29)	Juni/Juli
Im Zoo (No 114 39)	Juni/Juli

Lehrerkommentar

Grundsätzliches zum Werkstattunterricht

Methodische Überlegungen

Das Konzept des Werkstattunterrichts ist keine neue Erfindung. Schon seit langem lernen Kinder erfolgreich mit dieser Unterrichtsform: Wie in einer „richtigen" Werkstatt arbeiten die Kinder an verschiedenen Aufgaben, aber an einem Thema. Dabei gibt es Aufträge, die von einzelnen Kindern bearbeitet werden und andere, die nur von Gruppen erfolgreich bewältigt werden können. Kinder übernehmen Verantwortung für bestimmte Bereiche, werden hier Experten und sind anderen behilflich. In anderen Bereichen nehmen sie die Hilfe von anderen Kindern an.

Rolle der Lehrerin

Die Rolle der Lehrerin ist im Werkstattunterricht eine gänzlich andere als beim traditionellen lehrerzentrierten Unterricht: Sie ist Beraterin, Organisatorin der Lernprozesse, unterstützt Kinder, die noch Schwierigkeiten haben, ihren eigenen Lernweg zu steuern.

Lernanfänger und Rechtschreibung

Für die Bearbeitung der Aufgaben durch die Lernanfänger ist das Konzept „Lesen durch Schreiben" von Dr. Jürgen Reichen sinnvoll: Die Kinder notieren ihre Ergebnisse zunächst lautgetreu und werden im Laufe ihrer Schreibentwicklung nach und nach ihre rechtschriftlichen Fähigkeiten erweitern. Daher können sowohl Lehrerinnen als auch Eltern natürlich von Erstklässlern noch nicht erwarten, dass ihre Arbeitsergebnisse rechtschriftlich der Dudennorm entsprechen. Dies ist besonders wichtig zu betonen, falls Arbeiten als Hausaufgaben bearbeitet werden.

Elternarbeit

Wenn jemand das erste Mal mit einer Werkstatt arbeitet, kann auch ein Elternabend zu diesem Thema wichtig sein. Es kann zum Beispiel eine vorbereitete Werkstatt präsentiert werden, damit die Eltern sich einen Überblick über die verschiedenen Übungsformate und -inhalte verschaffen können. Wenn die Eltern wissen, dass in einer „Werkstatt" nicht nur mit Hammer und Säge gebastelt wird, stehen sie der Öffnung des Unterrichts in der Regel erheblich aufgeschlossener gegenüber. Bei einer rechtzeitigen Bekanntgabe der verschiedenen Werkstattthemen für das kommende Schuljahr finden sich oft auch Eltern, die durch den Beruf Beiträge zum Thema leisen können.

Arbeitsweise, Einführung und Abschluss

Während einer Werkstatt wird es verschiedene Arbeitsphasen mit verschiedenen Sozialformen geben: Einzel-, Partner- oder Gruppenarbeiten zum Thema der Werkstatt. Nicht zu unterschätzen sind aber auch gemeinsame Phasen mit allen Kindern im Sitzkreis, in „Kinoreihen" vor der Tafel oder auch in Kleingruppen. Zur Einführung des Themas bietet sich immer ein Gespräch mit den Kindern im Sitzkreis an, in dem das Thema abgesteckt wird. Dies kann zum Beispiel mit einem Cluster oder Brainstorming geschehen.

Gerade am Anfang ist es sinnvoll, den Kindern nicht alle Aufgaben auf einmal zur Verfügung zu stellen. Für den Start sollten Aufgaben mit verschiedenem Schwierigkeitsgrad eingeführt sein, damit alle Kinder befriedigende Ergebnisse erbringen können.

Jede Gelegenheit, über das Thema zu sprechen, sollte genutzt werden:

- Einführung einer neuen Aufgabe.
- Zu Beginn der Werkstattarbeit kann gemeinsam besprochen werden, welche Aufgaben sich die Kinder für diesen Tag vorgenommen haben.
- In einer Reflexion am Ende des Tages kann über die geleistete Arbeit nachgedacht und ein besonderes Ergebnis entsprechend gewürdigt werden.

Es ist schön, wenn eine Werkstatt ganz zum Schluss mit einem kleinen besonderen Ereignis beendet werden kann. Zum Beispiel mit einem Abschlussfest, zu dem eine andere Schulklasse oder die Eltern eingeladen werden, einer Präsentation von Ergebnissen im Klassenverband oder einer feierlichen Übergabe der Werkstattbücher.

Aufbewahrung

Wie die Werkstatt aufbereitet und den Kindern angeboten wird, hängt vom Platzangebot in der Klasse ab. Eine relativ platzsparende Möglichkeit sind stapelbare Ablagekästen. 20 durchnummerierte Kästen enthalten die 20 Aufgaben der Werkstatt mit ihren jeweiligen Aufgabenkarten. Daneben sollten noch drei weitere Kästen die linierten und unlinierten Schmuckblätter sowie die kleinen Themenhefte (s. S. 54–56) enthalten.

Umgang mit den Arbeitsergebnissen

Auch hier bieten sich mehrere Möglichkeiten an, die verschiedene Vor- und Nachteile haben, letztlich aber vor allem eine Frage des persönlichen Geschmacks sind:

- eine Werkstattmappe, in der alle Arbeitsergebnisse abgeheftet werden. Für kleinere Ergebnisse, die nicht gelocht werden können, empfiehlt es sich, in jeder Mappe eine Klarsichthülle einzuheften,
- ein Hängeregister, in das die Arbeitsergebnisse gesteckt werden,
- eine gemeinsame Kiste, in welche die Kinder ihre mit Namen versehenen Arbeitsergebnisse legen; die Lehrerin sortiert und bewahrt die Ergebnisse dann bis zum Ende der Werkstatt auf.

In allen Fällen sollten die Arbeiten der Kinder zum Abschluss der Werkstatt entsprechend gewürdigt werden.

Organisatorische Hinweise zu dieser Werkstattreihe

Werkstattreihe mit 20 Themen
Die vorliegende Unterrichtseinheit gehört zu einer Reihe von 20 sachkundlich orientierten Werkstätten.

Aufbau
Jede der 20 Werkstätten aus dieser Reihe ist ähnlich aufgebaut und enthält ein übersichtliches Materialangebot, das es den Kindern in Ihrer Klasse erlaubt, sich selbstgesteuert mit dem Thema auseinander zu setzen. So finden sich die Kinder mit jeder durchgeführten Werkstatt besser mit den Materialien zurecht, können auf Erfahrungen zurückgreifen und werden immer selbstständiger damit arbeiten können. Die meisten Materialien sind als Kopiervorlagen angelegt, für Spiele oder Ähnliches sind im hinteren Teil jeder Werkstatt einige farbige Bögen dabei.

Auftragskarten
Die Auftragskarten sollten auf (farbigen) Karton kopiert werden und enthalten eine ausführliche Anleitung für die jeweilige Aufgabe bzw. das Arbeitsblatt. Der Textumfang wird für die meisten Kinder im 1. oder 2. Schuljahr zu schwierig sein. Sie sind auch eher für eine gemeinsame Besprechung im Sitzkreis gedacht, bei der die Lehrerin den Text vorliest und gemeinsam mit den Kindern bespricht. Wer Auftragskarten bevorzugt, die mit wenigen Symbolen auskommen, kann die leeren Kopiervorlagen benutzen, um Aufträge nach eigenen Bedürfnissen zu gestalten.

Unten auf der Karte wird das Helferkind (der „Chef") eingetragen, das für diese Aufgabe die Verantwortung übernimmt. Es hilft, wenn andere Kinder nicht mehr weiterkommen, achtet darauf, dass die Materialien in einem ordentlichen und vollständigen Zustand bleiben und kontrolliert das Ergebnis bei seinen Mitschülerinnen und Mitschülern. Gerade der letzte Punkt verlangt von der Lehrerin Zurückhaltung, bringt aber einen großen Gewinn im Bereich Verantwortungsbewusstsein.

Aufgaben und Arbeitsblätter
20 Aufgaben ermöglichen einen breit gefächerten Zugang zum Thema dieser Werkstatt. Die Auswahl der Aufgaben ist dabei immer möglichst fächerübergreifend angelegt, neben sachunterrichtlichen Aspekten finden sich auch Aufgaben aus den Bereichen Lesen, Schreiben, Rechnen, Wahrnehmung, Konzentration und Feinmotorik. Soweit es sich anbot, wurden Differenzierungsmöglichkeiten innerhalb eines Arbeitsblattes angelegt. Direkte Hinweise dazu finden Sie bei den „Erläuterungen zu den Arbeitsaufträgen" ab Seite 14.

Manche Aufgaben sind nur für Kinder geeignet, die schon lesen können, manche sind eher für Kinder gedacht, die noch große Schwierigkeiten mit dem Lesen haben. In der Regel sind die Kinder in der Lage, sich die Aufgaben herauszusuchen, die für sie richtig und wichtig sind. In manchen Fällen benötigen sie bei der Auswahl aber auch die Unterstützung der Lehrerin.

Dauer und Aufgabenmenge
Wie viele Aufgaben die Kinder in einem bestimmten Zeitraum bearbeiten können, ist sehr unterschiedlich und hängt in erster Linie von der Leistungsfähigkeit der Klasse und des einzelnen Kindes sowie vom zeitlichen Umfang der Werkstattarbeit ab. In der Regel sollten aber die meisten Kinder in der Lage sein, mindestens zwei Aufgaben pro Woche selbstständig zu erledigen. Bei der Dauer von drei bis vier Wochen einer Werkstatt sollte also jedes Kind ungefähr ein Drittel der Werkstattaufgaben oder mehr bearbeitet haben.

Schmuckblätter
Die Kopiervorlagen für linierte und unlinierte Schmuckblätter können bei verschiedenen Gelegenheiten eingesetzt werden. Kinder können sie nutzen, um Lösungen für Aufgaben zu notieren, zu denen es kein Arbeitsblatt gibt, oder wenn sie Bilder und Texte zum Werkstattthema anfertigen möchten.

Themenhefte
Die Vorlage für das jeweilige Themenheft (in dieser Werkstatt auf S. 56) kann auf festeres, evtl. farbiges Papier (Kopierkarton) kopiert werden. Mit 2–3 leeren Blättern wird es dann zu einem kleinen Heft zusammengeheftet. Die Kinder können danach die Umrisslinie ausschneiden und erhalten ihr persönliches Themenheft zur Werkstatt, in das sie eigene Geschichten schreiben, Notizen machen oder worin sie Dinge sammeln können, die zum Thema gehören. Mit seinem praktischen Format passt das Themenheft in jede Hosentasche. So können die Kinder auch unterwegs, zu Hause und in ihrer Freizeit Beiträge zur Werkstatt sammeln.

Werkstattpass
Auf diesem Blatt malen die Kinder die Aufgaben an, die sie bereits erfolgreich bearbeitet haben. Es dient sowohl den Kindern als auch der Lehrerin als Übersicht. Falls gewünscht, können hier auch (individuelle) Pflichtaufgaben markiert werden. Ebenso kann mit den Aufgaben verfahren werden, für welche die Kinder als Helferkind eingesetzt wurden.

Lehrerkontrolle
Bei Bedarf können hier die Aufgaben notiert werden, welche die Kinder erledigt haben. Werden dabei Symbole (wie +, o, - etc.) verwendet, entsteht auf einfache Art ein Überblick, wie die Kinder mit der Werkstatt gearbeitet haben.

Inhaltliche Hinweise zur Werkstatt „Märchen"

Schwerpunkt
Auch wenn Märchen scheinbar durch Fernsehen, Computerspiele, moderne Kinderliteratur verdrängt werden, üben sie immer noch eine große Faszination aus. Kinder, die sonst Mühe haben, einem Text zu folgen, hängen plötzlich an den Lippen ihrer Lehrerin, obwohl die Sprache fremd erscheint und viele Begriffe wie „Gemahlin", „Hochmut", „Krämer" den Kindern sicher nicht viel sagen. Darüber hinaus wissen wir spätestens seit Bruno Bettelheim: Kinder brauchen Märchen.

Der Schwerpunkt dieser Werkstatt liegt auf den traditionellen, bekannten Märchen der Gebrüder Grimm. Sicherlich kann man im Unterricht auch moderne Märchen vorlesen und sich über mögliche Unterschiede unterhalten.

Hinweise
Traditionell wurden Märchen früher mündlich überliefert. Seit die Gebrüder Grimm ihre Sammlung von Kinder- und Hausmärchen aufgeschrieben haben, werden sie auch als Vorlesetexte genutzt. In der Schule bietet es sich an diese Vorlesetradition aufzunehmen und möglichst oft während der Wochen, in denen diese Werkstatt bearbeitet wird, Märchen vorzulesen, beispielsweise als Einstimmung auf den Morgen oder die Werkstattarbeit. Diese Märchenzeit sollte möglichst ansprechend gestaltet werden, z. B. durch eine besondere Kerze, einen Tisch in der Mitte des Sitzkreises, mit einer Decke und märchenhaften, zum Märchen passenden Gegenständen: goldene Kugel, Feder, Rose, Apfel, Seidentuch.

Darüber hinaus sollte den Kindern eine große Auswahl an Märchenbüchern, Bilderbüchern, Märchenkassetten und Hörbüchern zur Verfügung stehen.

Lernziele
Die Kinder lernen eine Auswahl klassischer Märchen kennen.

Die Kinder beschäftigen sich auf spielerischer, sprachlicher und sachlicher Ebene mit klassischen Märchen.

Lehrplanbezüge
Der Themenbereich Märchen umfasst vielfältige Aspekte der schriftlichen und mündlichen Sprache im Umgang mit Texten. Die Kinder lernen die Textform des Märchens kennen und setzen sich im Rahmen der Werkstattarbeit damit auseinander.

Folgende Bereiche des Faches Sachunterricht werden von verschiedenen Aufgaben der Werkstatt und durch den begleitenden gemeinsamen Unterricht angeschnitten:
- Zeit und Kultur
  - Früher und heute
  - Umgang mit Medien, Medienwirkung und Kommunikation
    (Grundlegende Fähigkeiten im Umgang mit traditionellen und neuen Medien erwerben)
  - Ich und andere, viele Kulturen in einer Welt
    (Sitten, Gebräuche und Sprachen unterschiedlicher Nationalitäten und Ethnien kennenlernen und akzeptieren)

Möglicher Zeitraum
Traditionell wurden Märchen früher vor allem in der dunklen Jahreszeit erzählt, wenn die Familie an Winterabenden zusammensaß. Wenn man mit den Kindern über diese Traditionen sprechen oder sie ihnen vielleicht sogar an einem Märchenabend in der Schule näher bringen möchte, bieten sich die Wintermonate für den Einsatz der Märchen-Werkstatt an.

Inhaltliche Hinweise zur Werkstatt „Märchen"

Vorschläge für den gemeinsamen Unterricht

- Tägliche Vorlesezeit.
- Märchenerzählerin einladen – manchmal gibt es noch Großeltern, die Märchen frei erzählen können.
- Ausflug in einen Märchenwald.
- Besuch einer Bibliothek oder Buchhandlung.
- Märchen-Lesenacht mit Nachtwanderung.
- Fingerspiel „Hexeneinmaleins" aus dem „Faust", erster Teil, von Johann Wolfgang von Goethe (1749–1832), s. Anhänge und Extras S. 58. Die Lösung des Hexeneinmaleins ergibt ein sogenanntes magisches Quadrat. Es besteht aus 3 x 3 Feldern, und die Summe jeder Reihe und jeder Spalte beträgt 15.

Die neun Felder werden durch das Gedicht folgendermaßen mit Zahlen besetzt:

„Aus Eins mach Zehn" = Statt einer 1 kommt in das erste Feld eine 10. „Und Zwei lass geh'n. Und Drei mach gleich." = In Feld 2 und 3 kommen die entsprechenden Zahlen. „Verlier die Vier." = In Feld 4 kommt eine 0. „Aus Fünf und Sechs mach Sieben und Acht." = In die Felder 5 und 6 kommen statt dessen die Zahlen 7 und 8. Umgedreht kommen die Zahlen 5 und 6 in die nachfolgenden Felder 7 und 8. „So ist's vollbracht." = In das letzte Feld kommt noch die „verlorene" 4. „Und Neun ist eins" = Die neun Felder bilden eins: ein magisches Quadrat. „Und Zehn ist keins" = Magische Quadrate mit zehn Feldern gibt es nicht.

- Gedichte zum Gestalten: Für ein Schattentheater oder als Pantomime eignet sich zum Beispiel „Die vergesslichen Räuber" von Josef Guggenmos, s. Anhänge und Extras S. 59.
- Großen Spaß haben die Kinder auch an sogenannten „Murksmärchen", Märchen, in die sich viele Fehler eingeschlichen haben, welche die Kinder entdecken sollen. Solche Märchen können spontan aus bekannten Märchen entwickelt werden. Ein Beispiel zum Märchen „Der Wolf und die sieben Geißlein" findet sich in Anhänge und Extras S. 61. Um die Aufgabe lösen zu können, muss das Märchen natürlich bekannt sein.
- Märchennachmittag mit den Eltern, um die Ergebnisse der Werkstatt zu präsentieren. Vielleicht haben die Eltern auch selber Lust etwas Märchenhaftes für die Kinder vorzubereiten.
- Eine Verkleidungskiste soll die Kinder anregen, Märchen nachzuspielen und für andere Kinder aufzuführen.

Fächerübergreifende Vorschläge

- Musik
  - Das Kinderlied „Dornröschen war ein schönes Kind" wurde von Generationen von Kindern als Tanzspiel aufgeführt. In Anhänge und Extras, s. S. 60, findet sich eine einfache Beschreibung, die nach Belieben von den Kindern verändert werden kann.
  - Ein Märchen als Klangspiel bearbeiten. Zu einem Märchen, das die Lehrerin evtl. für die Erzählung vereinfacht, denken sich die Kinder zum einen für jede handelnde Figur ein passendes Instrument aus, zum anderen entwickeln sie für bestimmte Aktionen oder Ereignisse geeignete Klänge. Für diese Art der Darstellung eignen sich viele traditionelle Märchen, z. B. „Die Bremer Stadtmusikanten" oder „Schneewittchen".

Inhaltliche Hinweise zur Werkstatt „Märchen"

- **Kunst**

  Bildbetrachtung von Initialen in alten Schriften. In der Buchmalkunst wurde der erste Buchstabe eines Kapitels, gelegentlich auch eines Absatzes durch eine große, oft farbenprächtig gestaltete Initiale ersetzt. Auch heute noch wird die Initiale als besonderer Blickfang benutzt, manchmal einfach nur, indem der erste Buchstabe größer gedruckt wird, manchmal aber auch als besonderes gestalterisches Element. In Michael Endes „Die unendliche Geschichte" nimmt z. B. die Initiale eines jeden Kapitels jeweils eine ganze Seite ein. Der Begriff „Initiale" wird darüber hinaus auch bei den Anfangsbuchstaben des Namens benutzt. Viele Künstler, z. B. Albrecht Dürer, haben ihre Kunstwerke mit besonders gestalteten Initialen signiert. Die Kinder sollen nach der Betrachtung von Initialen ihre eigenen Initialen gestalten. Dazu malen sie zunächst ihren Anfangsbuchstaben mit Wachsmalstiften oder Wasserfarben groß auf ein Blatt Papier. Anschließend wird die Umgebung mit Mustern oder mit einem Bild farbig gestaltet. Als Variante entwerfen die Kinder ein kunstvolles ABC, indem jedes Kind einen anderen Buchstaben übernimmt.

- **Gestalten**

  Märchenguckkasten: In einen Schuhkartondeckel werden einfache Figuren wie Sterne oder Kreise geschnitten oder mit einer Nadel ausgestanzt. Die Löcher werden von innen mit hellem, evtl. gelbem Transparentpapier beklebt. An einer schmalen Seite wird der Schuhkarton mit einem Guckloch versehen. Durch das Transparentpapierlicht hat das Innere des Schuhkartons jetzt schon eine mystische Atmosphäre. Nun wird im Schuhkarton eine Märchenszene gestaltet. Dazu wird der Rand passend bemalt, z. B. mit grauen und braunen Steinen für eine Schlossszene, oder grün angestrichen für eine Waldszene. Die Figuren können aus Pfeifenreinigern einfach hergestellt und mit Stoff behängt werden. Besonders gut wirkt es, wenn Kulissenelemente in verschiedenen Entfernungen vom Guckloch verteilt werden. Zum Beispiel können Kartonbäume an der Rückseite mit einer Stütze aus Karton, Holz, Kork versehen und in verschiedenen Distanzen am Boden befestigt werden. Durch solche Staffelungen wird die Raumwirkung des Guckkastens enorm erhöht. Auch glitzernde Elemente wie Lametta-Reste, die von der Decke baumeln, verstärken den märchenhaften Eindruck.

- **Sport**

  Einen Zauberwald als Bewegungslandschaft aufbauen. Oft haben die Kinder eigene Ideen, wie ein Zauberwald gestaltet sein könnte. Deshalb sollte man für die Vorbereitungszeit und für die Durchführung in der Turnhalle genügend Zeit einplanen.

Internet-Tipp

www.vorleser.net
Kostenlose Hörbücher u. a. zu Märchen.

Kinder- und Jugendbücher

Jakob Grimm, Wilhelm Grimm, Barbara Bedrischka-Bös: Meine wunderbare Märchenwelt. Die schönsten Märchen der Brüder Grimm. Kerle Verlag, Freiburg (bearbeitete Versionen der bekanntesten Märchen).

Jakob Grimm, Wilhelm Grimm, Bernhard Oberdieck: Die allerschönsten Märchen der Brüder Grimm. arsEdition 2004 (unveränderte Texte aus Kinder- und Hausmärchen der Brüder Grimm von 1857).

Hans Christian Andersen: Das große Märchenbuch. Sauerländer 2004.

Hubert Schirneck: Das Neueste von den sieben Zwergen. Verlag Jungbrunnen 2000 (für Leseanlässe geeignet).

Auftragsübersicht

Erläuterungen zu den Arbeitsaufträgen

Differenzierungsmöglichkeiten innerhalb einer Aufgabe werden mit ★ gekennzeichnet.

Kennst du diese Märchen? ❶

Auf diesen beiden Arbeitsblättern sind zehn Bilder zu bekannten Märchen abgebildet. Wenn die Kinder das Märchen kennen, sollen sie den Namen dazu schreiben. Wenn sie ein Märchen noch nicht kennen, sollten sie ermuntert werden, Erwachsene in ihrem Umfeld zu bitten, ihnen das Märchen zu erzählen.

★ Kinder, die schon Schreiberfahrungen besitzen, werden aufgefordert, kurz den Inhalt des Märchens aufzuschreiben.

Märchenfiguren ❷

① Die Kinder schreiben die Namen von klassischen Märchenfiguren auf.

② Bei den Verwirrlinien markieren die Kinder den Weg, den Rotkäppchen zum Haus seiner Großmutter gehen muss.

7 Märchen ❸

Die Lesekarten werden so auf dem Tisch verteilt, dass die Bilder sichtbar sind. Das Kind beginnt mit der Titelkarte „7 Märchen". Es liest den Text auf der Rückseite und sucht anschließend das passende Bild. So geht es weiter, bis es das letzte Bild gefunden hat, auf dessen Rückseite „Ende" steht.
Varianten: Mehrere Kinder verteilen die Karten unter sich. Das Kind, das die Titelkarte hat, liest den Text auf der Rückseite vor. Weiter geht es mit dem Kind, welches das passende Bild zu diesem Text hat.

★ Als einfachere Variante gibt es die gleichen Karten mit jeweils einem Titel eines Märchens auf der Rückseite.

Lesen, malen und schreiben ❹

Entsprechend dem Lesetext soll die Szene aus dem Märchen „Hänsel und Gretel" vervollständigt werden. Auf die Linien schreiben die Kinder entweder einen zum Bild passenden Text oder eine kurze Zusammenfassung des Märchens.

★ Bei diesem Arbeitsblatt gibt es zwei Schwierigkeitsgrade. Die einfachere Variante ist durch eine Feder gekennzeichnet, die schwierigere durch ein Gewicht. In beiden Fällen können die Kinder die Aufgabe aber nur bearbeiten, wenn sie schon lesen können.

Die Sterntaler ❺

Bei dieser Aufgabe zählen die Kinder die verschiedenen Sternen-Sorten und schreiben das Ergebnis als Strichliste oder als Zahl auf.

★ Als Zusatzaufgabe versuchen die Kinder herauszufinden, wie viele Sterne das Sterntalermädchen insgesamt auffängt.

Lösung:

☆	✡	✳	☀	✵	✶
22	16	13	15	12	18

© SCHUBI

Erläuterungen zu den Arbeitsaufträgen

Hans im Glück 6

Neben die sieben Bilder zum Märchen „Hans im Glück" schreiben die Kinder passende Sätze. Der zweite Satz „Hans tauscht sein ... gegen ...." dient als Satzmuster für die weiteren Sätze. Selbstverständlich können die Kinder aber auch eigene Formulierungen bei den anderen Bildern benutzen.

Lösung: Die Lösungssätze beziehen sich auf den Inhalt, die Kinder können sie ganz anders formuliert haben. 1. Hans bekommt von seinem Meister einen Klumpen Gold. 2. Hans tauscht sein Gold gegen ein Pferd. 3. Nachdem Hans vom Pferd gefallen ist, tauscht er das Pferd gegen eine Kuh. 4. Hans tauscht die Kuh gegen ein Schwein. 5. Hans tauscht das Schwein gegen eine Gans. 6. Hans tauscht die Gans gegen einen Schleifstein. 7. Hans verliert den Schleifstein in einem Brunnen.

Dornröschen 7

Zwischen den beiden Bildern bestehen 10 Unterschiede, welche die Kinder farbig markieren sollen.
Dazu schreiben die Kinder zum Dornröschen-Bild einen kurzen, passenden Text.

Lösungsbild:

Schneewittchen 8

Das Bild aus dem Märchen „Schneewittchen" enthält eine Reihe Ungereimtheiten. Die Kinder finden möglichst viele und markieren diese farbig. Dazu schreiben die Kinder zum Schneewittchen-Bild einen kurzen, passenden Text.

Lösungsbild:

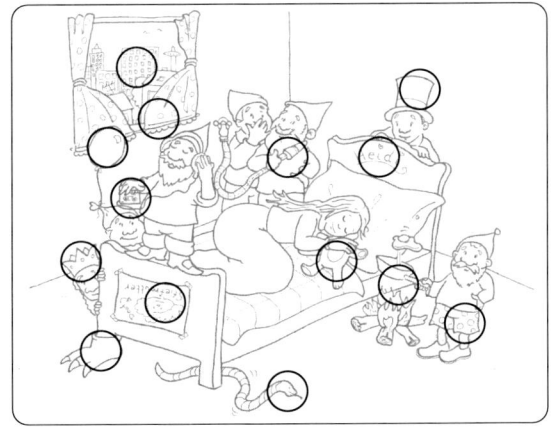

© SCHUBI

Erläuterungen zu den Arbeitsaufträgen

Märchenhaftes Rechnen — 9

Zum Thema Märchen lösen die Kinder Textaufgaben. Wichtige Wörter sind fett gedruckt. Die Kinder werden ermutigt, ihre Rechnungen individuell aufzuschreiben oder zu malen. Die Lösungen sollen in einem kurzen Satz notiert werden.
Lösungen: Die Bremer Stadtmusikanten haben insgesamt 14 Beine. Die sieben Zwerge haben 15 Möbelstücke in ihrem Haus. Insgesamt haben 20 Prinzen probiert, in Dornröschens Schloss zu gelangen. Falls Kinder im Jahr „0" mit dem ersten Prinzenbesuch beginnen, wäre auch die Lösung „21" korrekt.

Die verschwundenen Punkte — 10

Die Kinder trennen die nahtlos aneinandergehängten Märchensätze durch Satzpunkte und schreiben sie dann ab.

Lieblingsmärchen — 11

Mit Hilfe des Arbeitsblattes beschreiben die Kinder ihr persönliches Lieblingsmärchen. Sie sollten auch dazu ermuntert werden, anderen Kindern ihr Märchen zu erzählen, entweder in einer kleinen Gruppe oder im gesamten Sitzkreis.

Mein Märchen — 12

Bei dieser Aufgabe schreiben die Kinder ein eigenes Märchen. In der Kartei „Märchenhafte Zutaten" können sie sich Anregungen holen.
Jede Karte ist mit einem Symbol gekennzeichnet, das anzeigt, zu welchem der fünf Kapitel – Anfänge, Personen, Gegenstände, Situationen, Enden – sie gehört.
Vorbereitung: Die A6-Vorlagen auf dickeres, farbiges Papier kopieren. Von Vorteil ist es, für die Titelkarte und jedes der fünf Kapitel je eine eigene Farbe zu verwenden. Das erleichtert den Kindern die Orientierung.

Gedicht: Märchen-Elfchen — 13

Mit Hilfe des beiliegenden „Rezeptes" schreiben die Kinder eigene Elfchen. Dies wird für Schulanfänger, welche diese Gedichtform noch nicht kennen, ohne eine gemeinsame Besprechung und Übung schwierig sein. Empfehlenswert ist dann eine gemeinsame Bearbeitung der Aufgabe. Weitere eigene Gedichte können die Kinder anschließend selbstständig mit Hilfe des Arbeitsblattes schreiben.

Märchen-Memospiel — 14

Bei diesem Memospiel gibt es 24 Paare, die jeweils aus einer Bild- und einer Wortkarte bestehen. Um das Spiel zu vereinfachen, haben die Rückseiten je eine eigene Farbe für die Bild- und die Wortkarten. Selbstverständlich ist es auch möglich, das Memospiel in zwei kleinere Spiele aufzuteilen oder einzelne Begriffe, mit denen die Kinder Schwierigkeiten haben, herauszunehmen.

Wörter aus uralten Zeiten — 15

Hier geht es um alte Begriffe, die in Märchen immer wieder auftauchen, aber nicht mehr zum Wortschatz der Kinder gehören. Unter die Anlautbilder, s. Buchstabentabelle S. 87, schreiben die Kinder die entsprechenden kleinen Buchstaben. Lediglich die Anfangsbuchstaben der Nomen in den dick umrandeten Feldern werden groß geschrieben.

© SCHUBI

Erläuterungen zu den Arbeitsaufträgen

Faltheft: Zauberdinge

In diesem Faltheft sind Dinge abgebildet, die in einigen Märchen eine zauberhafte Bedeutung haben. Nachdem die Kinder das Heft gefaltet haben, schreiben sie die Namen zu den Bildern.

Zauberspiegel – Märchenwörter suchen

Die Kinder sollen die versteckten Märchenwörter finden und farbig markieren.
Achtung: Kindern ist oft nicht klar, dass senkrechte und waagrechte Wörter dieselben Buchstaben benutzen können. Deshalb sollte im Voraus darauf hingewiesen werden.
Die übrig gebliebenen Buchstaben werden in die Lösungskästchen eingetragen. Der Lösungssatz ergibt einen typischen Märchenanfang, z. B. von „Die drei Schlangenblätter" (Grimm), „Die Goldkinder" (Grimm), „Die zwölf Brüder" (Johann Wilhelm Wolf).

Lösung: Es war einmal ein armer Mann …

Zauberspiegel – Spiegelwörter lesen

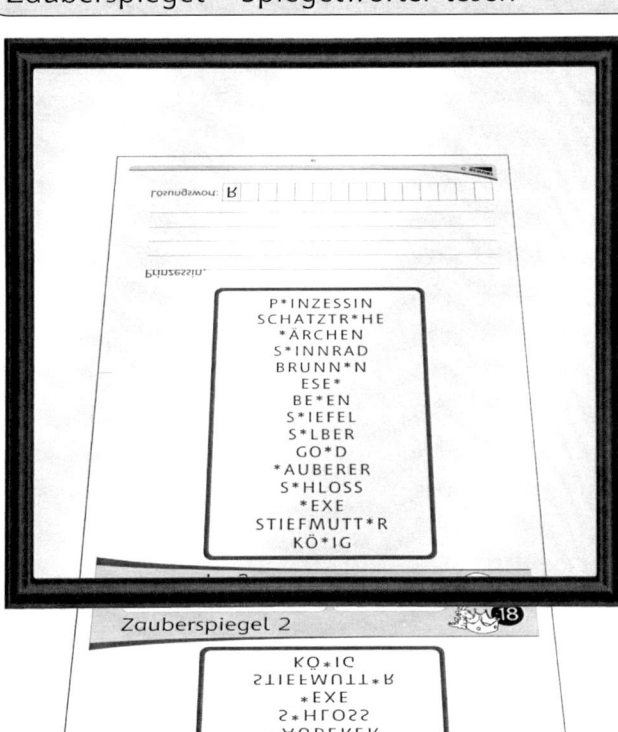

Im Zauberspiegel sind die Wörter spiegelverkehrt auf dem Kopf geschrieben. Außerdem ist bei jedem Wort ein Buchstabe durch einen Stern ersetzt. Die Kinder entziffern die Wörter, indem sie das Arbeitsblatt so gegen einen Spiegel kippen, dass ꟼ*INZESSIN bzw. **P*INZESSIN** nun an oberster Stelle steht. Sie ersetzen den Stern jeweils durch den gesuchten Buchstaben und schreiben das ganze Wort auf die Linie. Von jedem Wort wird der entzifferte Sternen-Buchstaben in die Lösungskästchen eingetragen. Damit die Kinder wissen, mit welchem Wort sie beginnen müssen, sind das erste Wort – Prinzessin – und der erste Lösungsbuchstabe – R – schon eingetragen.

Lösung: Rumpelstilzchen

Erläuterungen zu den Arbeitsaufträgen

Märchenhafte Paare 19

① Jeweils zwei Begriffe sollen miteinander verbunden werden.
Lösung: Brüderchen und Schwesterchen, Hänsel und Gretel, Prinz und Prinzessin, Zwerg und Riese, Hexe und Zauberer, König und Königin, Schneewittchen und die sieben Zwerge, Rotkäppchen und der böse Wolf, Hase und Igel.

② Die Krone soll durch Spiegelung fertig gezeichnet und bunt gemalt werden.

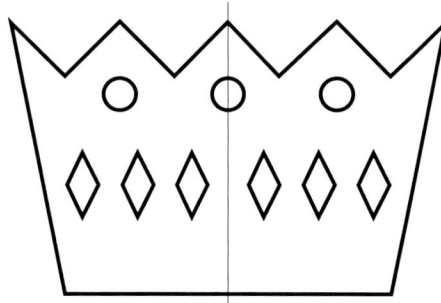

Ein Wort zu viel 20

In der Zusammenfassung des Märchens von den Bremer Stadtmusikanten steht in jedem Satz ein Wort zu viel. Die Kinder identifizieren dieses Wort durch Lesen und streichen es durch.

Auftragskarten

Kennst du diese Märchen?

① Mit dieser Aufgabe kannst du überprüfen,
ob du schon ein Märchenexperte bist.
Die 10 Bilder gehören zu bekannten Märchen.
Schreibe den Namen der Märchen dazu, wenn du sie kennst.
Wenn du schon gut schreiben kannst,
dann schreibe kurz auf, wovon das Märchen handelt.

② Lass dir Märchen erzählen, die du noch nicht kennst.

? Helferkind: _____

© SCHUBI

D

Märchenfiguren

① In Märchen tauchen immer wieder ähnliche Figuren auf,
wie Prinzessinnen, Hexen und Zauberer.

Schreibe die Namen der Personen und Tiere auf.

② Kennst du das Märchen von Rotkäppchen?
Hilf Rotkäppchen den richtigen Weg zum Haus der Großmutter zu finden.

? Helferkind: _____

© SCHUBI

CH

Märchenfiguren

① In Märchen tauchen immer wieder ähnliche Figuren auf,
wie Prinzessinnen, Hexen und Zauberer.

Schreibe die Namen der Personen und Tiere auf.

② Kennst du das Märchen von Rotkäppchen?
Hilf Rotkäppchen den richtigen Weg zum Haus der Grossmutter zu finden.

? Helferkind: _____

© SCHUBI

7 Märchen

Lege die Karten mit den Bildern nach oben auf den Tisch.

Fange mit der Karte „7 Märchen" an.
Lies den Text auf der Rückseite und finde das passende Bild dazu.
Lies auch bei dieser Karte wieder die Rückseite und suche das Bild.

So geht es weiter, bis du alle Karten in der richtigen Reihenfolge sortiert hast.

? Helferkind: _____

© SCHUBI

Lesen, malen und schreiben

Kennst du das Märchen von Hänsel und Gretel?

Lies den Text
und male das Bild fertig.

Schreibe etwas Passendes zum Bild.

? Helferkind: _____

© SCHUBI

Die Sterntaler

Kennst du das Märchen von den Sterntalern?

Zähle, wie viele Sterne von jeder Sorte
das Sterntalermädchen auffängt.
Tipp: Markiere die Sterne, die du gezählt hast.

Wie viele Sterne fängt das Sterntalermädchen insgesamt auf?

? Helferkind: _____

© SCHUBI

Hans im Glück

Kennst du das Märchen von Hans im Glück?

Schreibe neben jedes Bild einen passenden Satz.

? Helferkind: _____

© SCHUBI

Dornröschen

Kennst du das Märchen von Dornröschen?

Zwischen den beiden Bildern gibt es 10 Unterschiede.
Suche sie und markiere sie mit einem farbigen Stift.

Schreibe etwas Passendes zum Märchen.

? Helferkind: _____

© SCHUBI

Schneewittchen

Kennst du das Märchen von Schneewittchen?

Ins Bild von Schneewittchen sind ein paar Dinge hineingeraten,
die nicht stimmen können.
Finde die Dinge und markiere sie farbig.

Schreibe etwas Passendes zum Märchen oder zum Bild.

? Helferkind: _____

© SCHUBI

Märchenhaftes Rechnen

Beantworte die kniffligen Fragen zu den drei Märchen.

Schreibe oder zeichne auf, wie du rechnest.

Schreibe einen Lösungssatz auf.

? Helferkind: _____

© SCHUBI

Die verschwundenen Punkte

Hier findest du einen Text mit fünf Sätzen aus Märchen.
Aber die Punkte am Satzende sind verschwunden.

Lies den Text zuerst durch.
Setze Punkte an die richtigen Stellen.

Schreibe die Sätze nochmals auf.

? Helferkind: _____

© SCHUBI

Lieblingsmärchen

Welches ist dein Lieblingsmärchen?
Schreibe den Namen auf.
Welche Personen kommen darin vor?
Was passiert in diesem Märchen?
Male ein Bild dazu.

Kannst du dein Lieblingsmärchen auch erzählen?

? Helferkind: _____

© SCHUBI

Mein Märchen

Denke dir selbst ein Märchen aus.

In der Kartei „Märchenhafte Zutaten" findest du Tipps:
– Märchenanfänge, mit denen du beginnen kannst …
– Personen, die in deinem Märchen vorkommen könnten …
– Dinge, die in deinem Märchen vorkommen könnten …
– Spannende Momente, die du in dein Märchen einbauen kannst …
– Sprüche, mit denen dein Märchen enden kann …

? Helferkind: _____

© SCHUBI

Gedicht: Märchen-Elfchen

Das Elfchen ist eine besondere Gedichtform.

Schreibe ein eigenes Märchen-Gedicht.

Das „Rezept" und das Beispiel helfen dir dabei.

? Helferkind: _____

© SCHUBI

Märchen-Memospiel

Spielt zu zweit oder mit mehreren Kindern das Märchen-Memospiel.

Es passt immer ein Wort zu einem Bild.

Wenn du ein Paar gefunden hast, darfst du es behalten.

Wer am Schluss die meisten Paare besitzt, hat gewonnen.

? Helferkind: _____

© SCHUBI

D

Wörter aus uralten Zeiten

Bestimmt ist dir schon aufgefallen,
dass in Märchen Wörter und Gegenstände auftauchen,
die wir heute gar nicht mehr kennen.

Hier geht es um solche Wörter:
Schreibe die Buchstaben unter die Anlautbilder.
Benutze die kleinen Buchstaben.

Nur bei den dick umrandeten Kästchen
sollst du große Buchstaben nehmen.

? Helferkind: _____

© SCHUBI

CH

Wörter aus uralten Zeiten

Bestimmt ist dir schon aufgefallen,
dass in Märchen Wörter und Gegenstände auftauchen,
die wir heute gar nicht mehr kennen.

Bei dieser Aufgabe geht es um solche Wörter:
Schreibe die Buchstaben unter die Anlautbilder.
Benutze die kleinen Buchstaben.

Nur bei den dick umrandeten Kästchen
sollst du grosse Buchstaben nehmen.

? Helferkind: _____

© SCHUBI

Faltheft: Zauberdinge

① Lege das Blatt quer mit der Schrift nach unten.
   Falte es einmal von unten nach oben.
   Klappe es wieder auf.

② Drehe das Blatt um 90 Grad.
   Falte es einmal von unten nach oben.

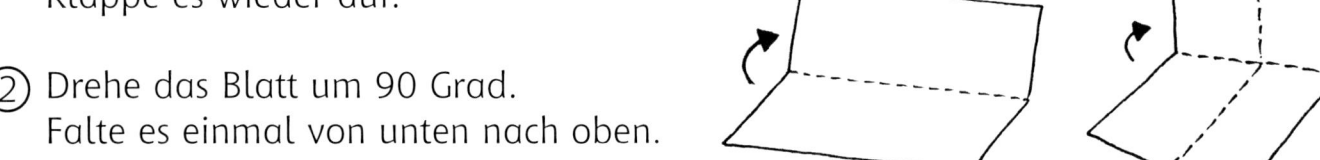

③ Dreh das Blatt mit der Schrift nach oben.
   Falte das Blatt von unten bis zur Knickfalte.
   Klappe es wieder auf.
   Falte das Blatt von oben bis zur Knickfalte.
   Klappe es wieder auf.

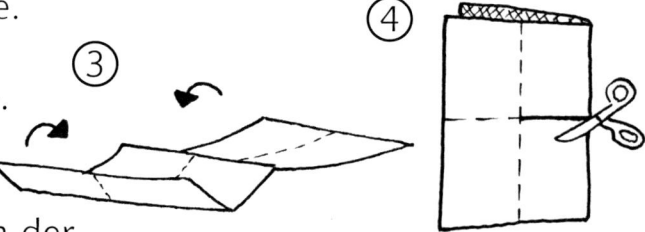

④ Schneide mit der Schere die Mittellinie von der
   Knickfalte bis zu Hälfte wie auf der Zeichnung ein.

⑤ Falte das Blatt wieder auf. Fasse es
   links und rechts wie auf der Zeichnung
   und schiebe die Seiten in die Mitte.

⑥ In diesem Heft siehst du Dinge,
   die in Märchen oft verzaubert sind.
   Male die Bilder in deinem Heft bunt.
   Schreibe ihren Namen dazu.

   In welchen Märchen kommen diese Gegenstände vor?

? Helferkind: _____

© SCHUBI

Zauberspiegel – Märchenwörter suchen

Im Zauberspiegel sind Märchenwörter versteckt.

Suche die Märchenwörter und male sie farbig aus.

Wenn du alle gefunden hast,
dann schreibe die übrigen Buchstaben
der Reihe nach in die Lösungskästchen.
So könnte ein typisches Märchen anfangen.

? Helferkind: _____

© SCHUBI

Zauberspiegel – Spiegelwörter lesen

Der Zauberspiegel verzaubert Wörter und lässt Buchstaben verschwinden.

Tipp: Löse diese Aufgabe mit Hilfe eines Spiegels. Kippe das Arbeitsblatt so gegen den Spiegel, dass auf der obersten Linie P*INZESSIN steht. Schreibe die Wörter der Reihe nach auf die Linien.

Wenn du die verschwundenen Buchstaben der Reihe nach einträgst, findest du das Lösungswort.
Es ist eine Figur aus einem Märchen.

? Helferkind: _____

© SCHUBI

Märchenhafte Paare

① Finde alle Wörter, die zusammenpassen.
Verbinde sie mit einem Strich.

Achtung: Manchmal sind es auch sehr gegensätzliche Paare.

② Zeichne die Krone fertig und male sie bunt an.
Tipp: Benutze einen Spiegel.

? Helferkind: _____

© SCHUBI

Ein Wort zu viel

Lies das Märchen über die Bremer Stadtmusikanten durch.

In jedem Satz steht ein Wort zu viel.

Streiche es durch.

? Helferkind: _____

© SCHUBI

? Helferkind: _____

? Helferkind: _____

? Helferkind: _____

? Helferkind: _____

Helferkind: _____

Arbeitsblätter

Name:

Datum:

Kennst du diese Märchen?

Kennst du diese Märchen?

| Name: | Datum: |

Märchenfiguren

1

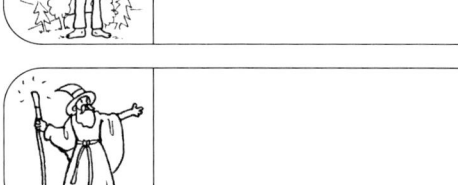 

2

Lesen, malen und schreiben

Das Haus ist braun.

Der Wald ist grün.

Das Kleid
von Gretel ist rot.

Die Hose
von Hänsel ist blau.

Bei der Hexe ist
eine schwarze Katze.

Lesen, malen und schreiben

Male den Himmel hellblau.
Der Wald hinter dem Haus
ist dunkelgrün.

So sieht
das Knusperhäuschen aus:
Das Dach ist gelb
mit braunen Streifen.
Die Fenster sind rot.
Die Wand ist lila.

Hänsel trägt blaue Hosen
und ein grünes Hemd.
Gretel trägt ein rosa Kleid.

Die Hexe hat
ein braunes Kopftuch.
Neben ihr ist
eine schwarze Katze.

Name: Datum:

Die Sterntaler

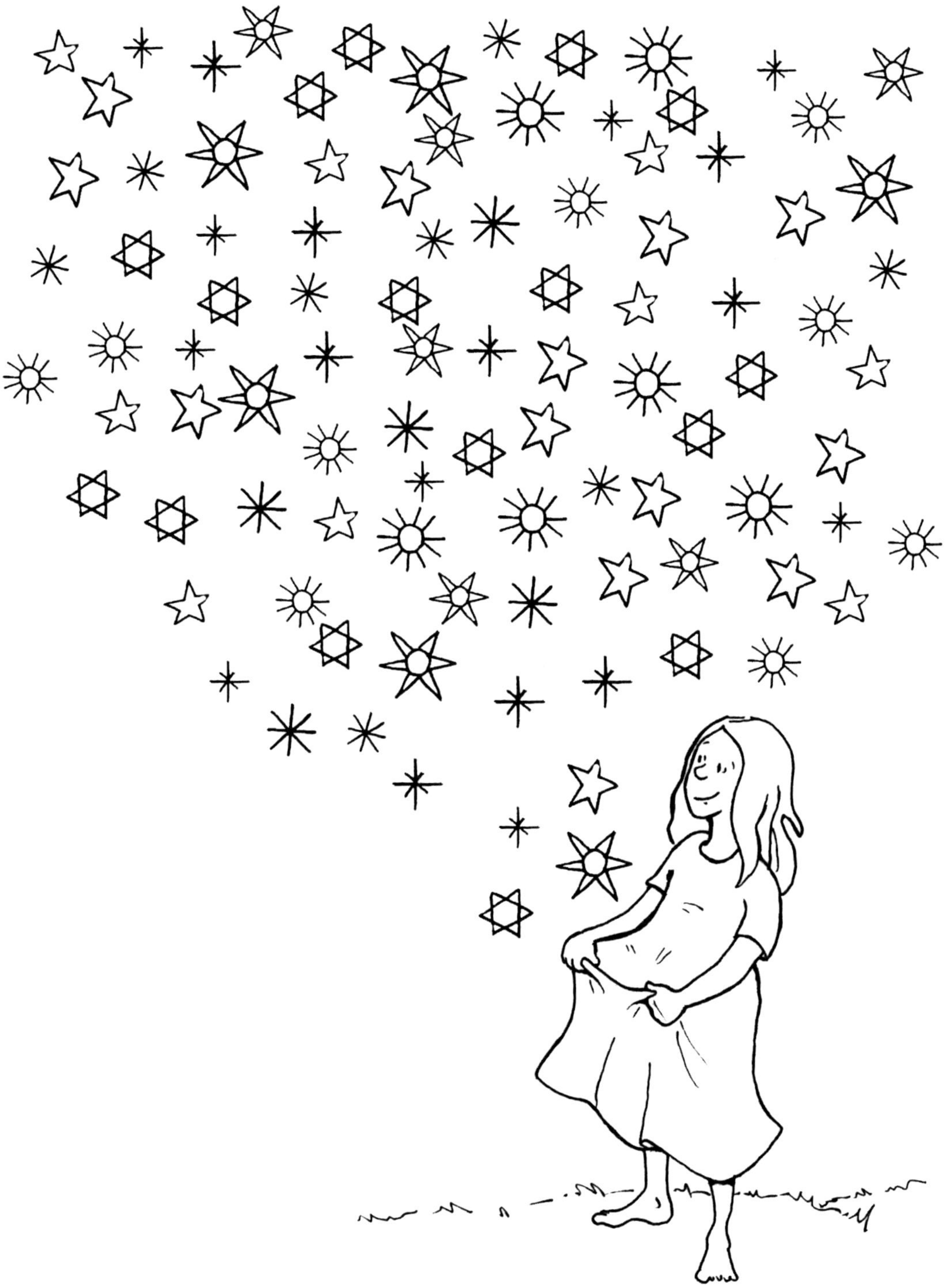

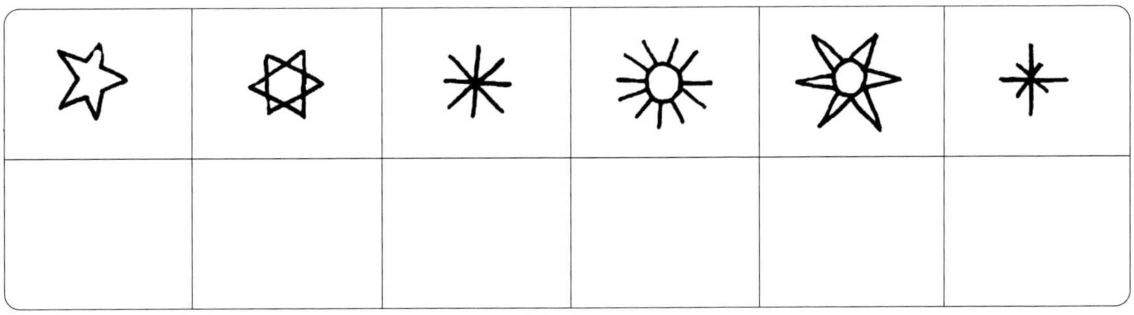

Name: Datum:

Hans im Glück

①    Hans bekommt einen Klumpen _____.

②    Hans tauscht sein _____ gegen ein _____.

③

_____
_____.

④

_____
_____.

⑤

_____
_____.

⑥

_____
_____.

⑦

_____
_____.

Dornröschen

Schneewittchen

_____

_____

_____

_____

_____

_____

Märchenhaftes Rechnen

①  Wie viele **Beine** haben die **Bremer Stadtmusikanten?**

_____

_____

②  Jeder der **sieben Zwerge** hat **ein Bett** und **einen Stuhl**.
Alle **zusammen** haben **einen langen Tisch**.
Wie viele **Möbelstücke** stehen **insgesamt** in ihrem Haus?

_____

_____

③  **Dornröschen** schlief **100 Jahre** im Dornenschloss.
Alle 5 Jahre versuchte ein Prinz in das Schloss zu gelangen.
Wie viele Prinzen haben es **insgesamt** probiert?

_____

_____

© SCHUBI

Die verschwundenen Punkte

Schneewittchen wohnte bei den sieben Zwergen Die Hexe lockte Hänsel und Gretel ins Haus Rotkäppchen traf im Wald den bösen Wolf Hundert Jahre schlief Dornröschen im Schloss Esel, Hund, Katze und der Hahn vertrieben die Räuber

Schneewittchen

Name: Datum:

Lieblingsmärchen

Titel: ___

Hauptfiguren: ___

Kurze Beschreibung: ___

Bild:

Gedicht: Märchen-Elfchen

Schreibe eine Farbe oder eine Eigenschaft.

[ ]

Nenne eine Person oder einen Gegenstand mit dieser Farbe oder Eigenschaft und setze den Artikel „der", „die" oder „das" davor.

[ ] [ ]

Berichte mehr über diese Person oder diesen Gegenstand:
Wie ist sie? Was tut sie? Wozu dient er?

[ ] [ ] [ ]

Erzähle, was weiter passiert, oder schreibe etwas über dich
(dann ist das erste Wort „ich"):

[ ] [ ] [ ] [ ]

Setze ein Schlusswort, zum Beispiel einen Gedanken, ein Gefühl, eine Stimmung.

[ ]

Ein Beispiel:

Rot

Das Rotkäppchen

Besucht seine Oma

Wird vom Wolf gefressen

Lebt

Wörter aus uralten Zeiten

Zauberdinge

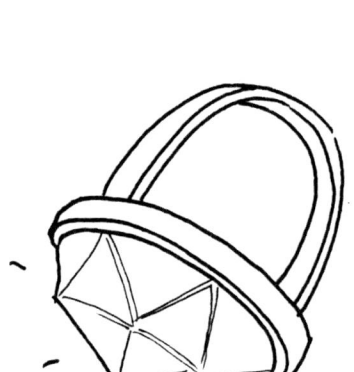

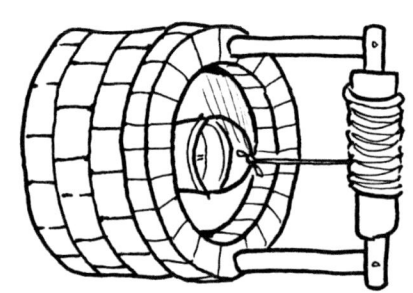

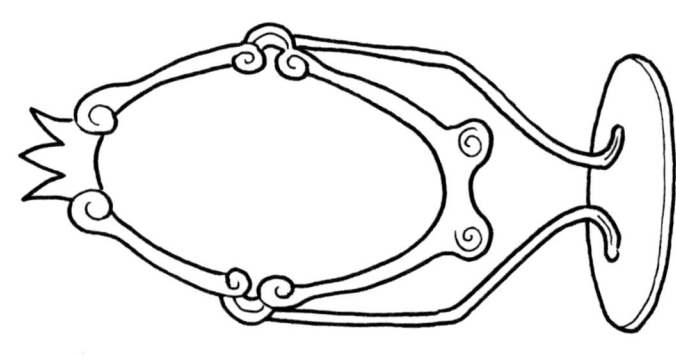

Name:

Datum:

Zauberspiegel – Märchenwörter suchen

17

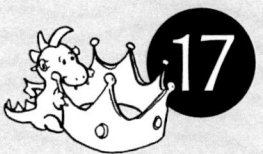

F	W	K	Ö	N	I	G	S
E	A	W	R	E	I	H	N
E	L	W	O	L	F	E	M
A	D	L	E	N	R	X	P
Z	A	U	B	E	R	E	R
W	M	E	R	B	S	E	I
E	B	R	U	N	N	E	N
R	I	E	S	E	R	M	Z
G	N	S	C	H	A	T	Z
N	S	C	H	L	O	S	S

Lösungssatz:

E	

	A	

	I	

A			E	

	A		

...

Zauberspiegel – Spiegelwörter lesen

PRINZESSIN
SCHATZTRUHE
MÄRCHEN
SPINNRAD
BRUNNEN
ESEL
BESEN
SPIEGEL
SILBER
GOLD
ZAUBERER
SCHLOSS
AXT
STIEFMUTTER
KÖNIG

Prinzessin, _____

Lösungswort: | R | | | | | | | | | | | | | |

Märchenhafte Paare

①
Brüderchen	Prinzessin
Hänsel	Schwesterchen
Prinz	Riese
Zwerg	Gretel
Hexe	sieben Zwerge
König	böser Wolf
Schneewittchen	Zauberer
Rotkäppchen	Igel
Hase	Königin

②

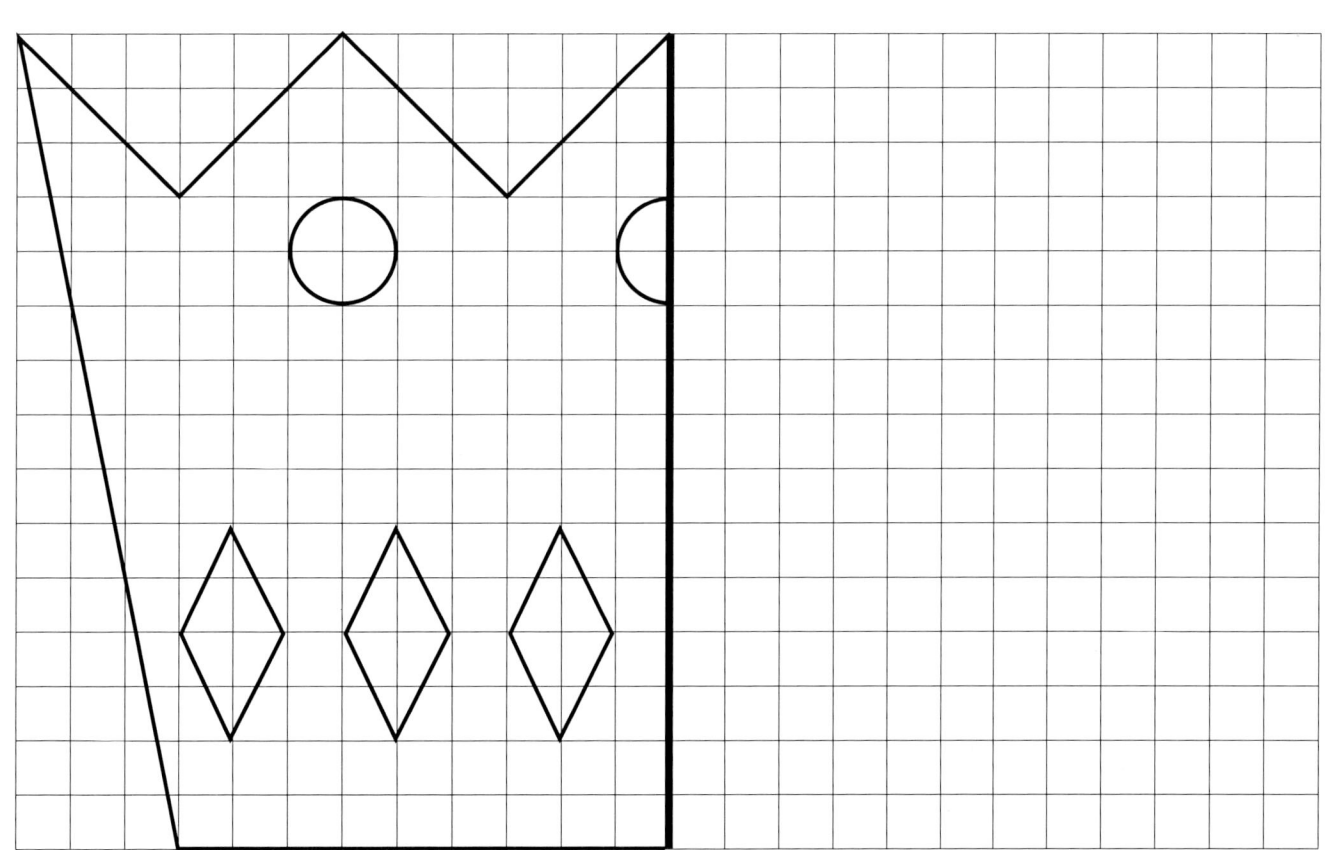

Ein Wort zu viel

Die alt Bremer Stadtmusikanten

Es war einmal bald ein alter Esel,
der von Zuhause fortlief.

Auf seiner Flucht traf er breit einen Hund.

Sie waren wollten zusammen
nach Bremen wandern.

Auf ihrem Weg trafen Leute sie noch
eine Katze und einen Hahn.

Gemeinsam sie wollten sie in Bremen
Musik machen.

In einem zwei Wald entdeckten
die Tiere Räuber in ihrem Haus.

Gemeinsam vor erschreckten
sie die Räuber.

Die Räuber dachten,
vier die Tiere wären Geister,
und flüchteten.

Und wenn die Tiere nicht gestorben sind,
dann leben sie wieder noch heute.

Kontrolle und Zusätze

Lehrerkontrolle — Märchen

Name	
Kennst du diese Märchen?	1
Märchenfiguren	2
Lesekarten: 7 Märchen	3
Lesen, malen und schreiben	4
Die Sterntaler	5
Hans im Glück	6
Dornröschen	7
Schneewittchen	8
Märchenhaftes Rechnen	9
Die verschwundenen Punkte	10
Lieblingsmärchen	11
Mein Märchen	12
Gedicht: Märchen-Elfchen	13
Märchen-Memospiel	14
Wörter aus uralten Zeiten	15
Faltheft: Zauberdinge	16
Zauberspiegel – Märchenwörter suchen	17
Zauberspiegel – Spiegelwörter lesen	18
Märchenhafte Paare	19
Ein Wort zu viel	20

Werkstattpass

Name:

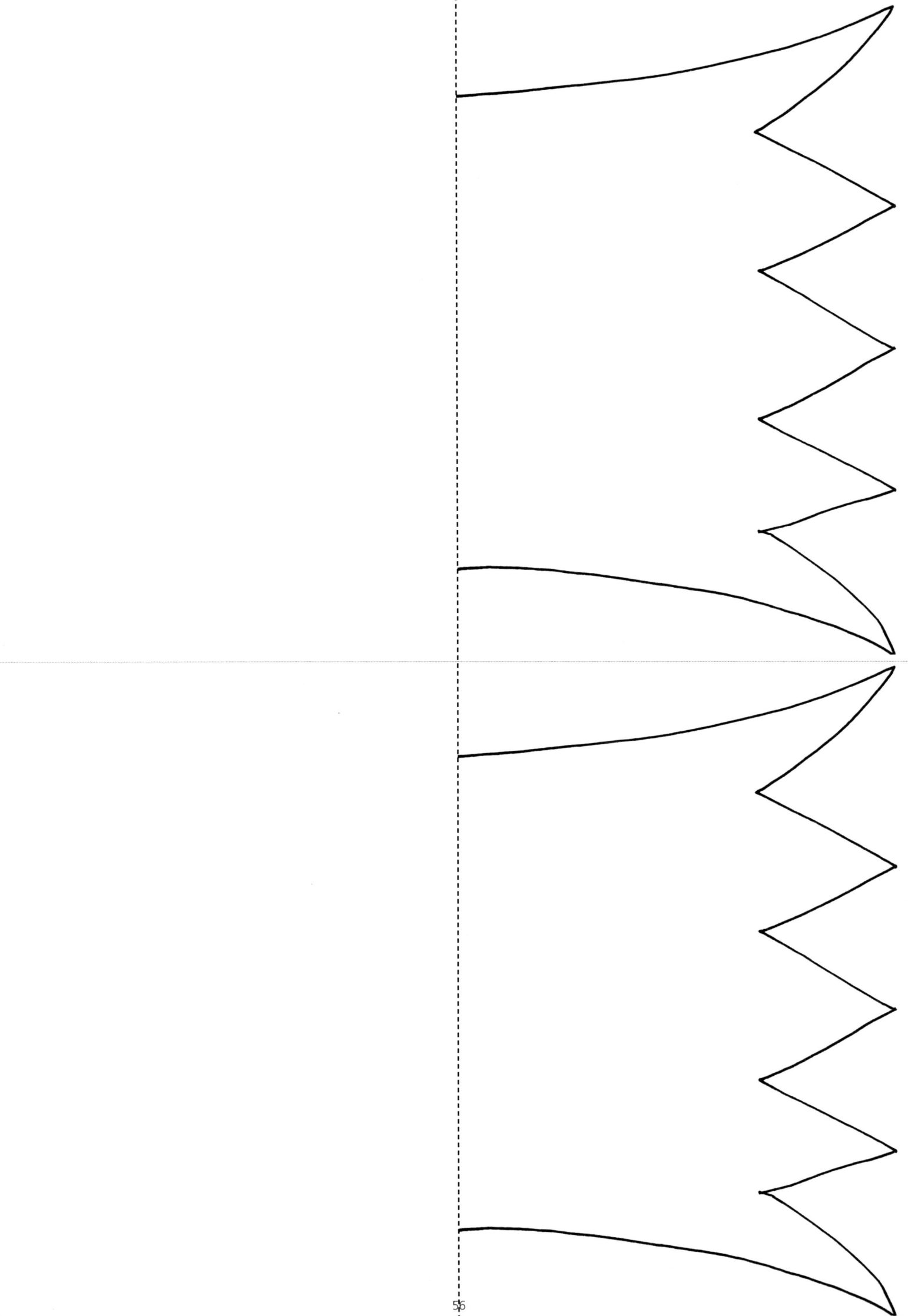

Anhänge und Extras

Fingerspiel „Hexeneinmaleins"

Für das Fingerspiel stehen die Kinder im Kreis, sprechen den Zauberspruch und führen mit den Fingern die Bewegungen aus.

Du musst versteh'n!

Aus Eins mach Zehn,

Und Zwei lass geh'n

Und Drei mach gleich,

So bist du reich.

Verlier die Vier!

Aus Fünf und Sechs,

so sagt die Hex,

mach Sieben und Acht,

so ist's vollbracht:

und Neun ist eins,

und Zehn ist keins.

Das ist das Hexeneinmaleins.

© SCHUBI

Märchenhafte Gedichte

Die vergesslichen Räuber

Sieben riesige Räuber
zogen sieben riesige Jacken an.
Sieben riesige Räuber
schlüpften in sieben riesige Socken
und in sieben riesige Stiefel
und setzten sieben riesige Hüte auf.

Sieben riesige Räuber
schnallten sieben riesige Gürtel
mit sieben riesigen Säbeln um.
Sieben riesige Räuber
humpelten durch den Wald,
aber nicht weit,
dann machten sie Halt.
Sie riefen: „Zu dumm!",
und kehrten wieder um.

Sieben riesige Räuber
humpelten wieder nach Haus.
Sieben riesige Socken
und sieben riesige Stiefel
reichen für sieben riesige Räuber nicht aus.

Zweierlei Musik (Zungenbrecher)

Drei trappelnde Rappen mit klappernden Hufen polterten
über die dröhnende Brücke mit donnerndem Krach.
Dann hörte man wieder den rieselnden, raunenden,
glicksenden, glucksenden, silberhell plaudernden Bach.

© Josef Guggenmos
Aus: Oh, Verzeihung, sagte die Ameise. Beltz & Gelberg in der Verlagsgruppe Beltz, Winheim & Basel

„Dornröschen war ein schönes Kind" (Tanzspiel)

Aufstellung: Je nachdem wie viele Kinder mitmachen, wird ein Kreis gebildet oder auch ein Innen- und ein Außenkreis. In der Mitte befindet sich Dornröschen, außerhalb des Kreises warten die böse Fee, die gute Fee und der Königssohn auf ihren Einsatz.

Die Kinder gehen im Kreis und singen:

2. Dornröschen, nimm dich ja in acht …
   Die Kinder bleiben stehen und mahnen mit dem Finger.

3. Da kam die böse Fee herein …
   Die Kreise öffnen sich an einer Stelle, die böse Fee tritt zu Dornröschen.

4. Dornröschen, du musst sterben …
   Die böse Fee singt alleine. Die böse Fee tritt wieder nach außen.

5. Da kam die gute Fee herein …
   Die Kreise öffnen sich wieder an einer Stelle und die gute Fee tritt zu Dornröschen.

6. Dornröschen schlafe hundert Jahr …
   *Die gute Fee singt alleine. Die Kinder setzen sich.
   Dornröschen und die Kinder schlafen ein. Die gute Fee tritt nach außen.*

7. Da wuchs die Hecke riesengroß …
   Die Kinder im (Außen-)Kreis erheben sich und heben die Arme langsam hoch.

8. Da kam ein junger Königssohn …
   Der Königssohn geht um den Kreis.

9. Der schlug die Hecke ganz entzwei …
   Der Königssohn zertrennt mit seiner Hand die Hecke und tritt zu dem schlafenden Dornröschen.

10. Dornröschen, wache wieder auf …
    *Der Königssohn singt alleine, nimmt Dornröschen bei der Hand, alle wachen langsam auf.
    Die Kinder im Außenkreis lassen langsam ihre Arme sinken.*

11. Sie feierten das Hochzeitsfest …
    Dornröschen und der Königssohn schreiten im Kreis umher, alle Kinder klatschen.

12. Da jubelte das ganze Volk …
    Alle Kinder fassen sich zu zweit an den Händen und tanzen.

© SCHUBI

Murksmärchen

In das Märchen **„Der Wolf und die sieben Geißlein"** haben sich Fehler eingeschlichen. Jeder Fehler ist **fett** markiert, anschließend folgt der Ausruf „– nein! –", dann kommt das richtige Wort.

Vorgehen: Die Lehrerin liest diese Märchenversion mit etwas Abstand zum Original vor. Wenn die Kinder die Fehler entdecken, klatschen sie oder machen ein anderes vereinbartes Zeichen.

Es war einmal eine alte Geiß, die hatte sieben junge **Küken** – nein! – Geißlein. Eines Tages wollte sie in den **Supermarkt** – nein! – in den Wald Futter holen. Da rief sie ihre **neun** – nein! – sieben Geißlein herbei und sprach: „**Böse** Kinder – nein! – liebe Kinder, ich will hinaus in den **Zirkus** – nein! – in den Wald. Seid auf der Hut vor dem **Lehrer** – nein! – vor dem Wolf. Wenn er hereinkommt, so frisst er euch alle mit Haut und **Regenschirm** – nein! – mit Haut und Haar. Ihr könnt ihn an seiner rauen Stimme und seinen schwarzen Füßen erkennen." Die Geißlein sagten: „Liebe Mutter, wir sollen uns schon in acht nehmen. Du kannst ohne Sorge fortgehen." Da machte sich die Mutter auf das **Schiff** – nein! – auf den Weg.

Es dauerte nicht lange, da klopfte jemand an den **Fernseher** – nein! – an die Haustür und rief: „Macht auf, ihr lieben Kinder, eure Mutter ist da und hat für jeden von euch etwas mitgebracht." Aber die **Zirkusschweine** – nein! – die Geißlein hörten an der rauen Stimme, dass es der **Metzger** – nein! – der Wolf war. „Wir machen nicht auf!", riefen sie, „Du bist nicht unsere liebe Mutter, die hat eine feine und liebliche **Frisur** – nein! – Stimme. Aber deine Stimme ist rau; du bist der **Käse** – nein! – der Wolf!"

Da ging der Wolf fort zu einem Krämer und kaufte sich einen **Computer** – nein! – ein großes Stück Kreide: die aß er und machte damit seine **Hände grün** – nein! – seine Stimme fein. Dann kam er zurück, klopfte an die **Bushaltestelle** – nein! – an die Haustür und rief: „Macht auf, ihr lieben Kinder, eure **böse Hexe** – nein! – eure Mutter ist da und hat für jeden von euch etwas **geklaut** – nein! – mitgebracht." Aber der Wolf hatte seine schwarze **Handtasche** – nein! – seine schwarze Pfote in das Fenster gelegt, das sahen die **Pizzabäcker** – nein! – die Geißlein und riefen: „Wir machen nicht auf, unsere **Putzfrau** – nein! – unsere Mutter hat keinen schwarzen Fuß wie du: du bist der **Präsident** – nein! – der Wolf!"

Da lief der Wolf zu einem Müller und sprach: „Streu mir weißes **Paprikapulver** – nein! – weißes Mehl auf meine **Nase** – nein! – auf meine Pfote. Nun ging der **Engel** – nein! – der Bösewicht zum drittenmal zum **Supermarkt** – nein! – zur Haustüre, klopfte an und sprach: „Macht mir auf, Kinder, euer liebes **Meerschweinchen** – nein! – Mütterlein ist heimgekommen und hat jedem von euch etwas mitgebracht."
Und weil der Wolf eine feine **Glatze** – nein! – eine feine Stimme und ein weißes **Fahrrad** – nein! – eine weiße Pfote hatte, glaubten die Geißlein ihm und öffneten die Tür. Wer aber hereinkam, war der **Pumuckl** – nein! – das war der Wolf. Sie erschra-

Murksmärchen

ken und wollten miteinander **tanzen** – nein! – sie wollten sich verstecken. Aber der Wolf fand sie alle, bis auf das **Riesenbaby** – nein! – das kleinste, denn das hatte sich im Uhrenkasten versteckt. Der Wolf legte sich satt auf eine **blaue** Wiese – nein! – eine grüne Wiese und schlief.

Als die alte Geiß aus dem **Supermarkt** – nein! – aus dem Wald nach Hause kam, was musste sie da erblicken! Die Haustür stand sperrweit auf: alles war umgeworfen und lag in Scherben. Sie suchte ihr **Radio** – nein! – ihre Kinder, aber sie fand nur noch das Kleinste in der **Waschmaschine** – nein! – im Uhrenkasten. Das erzählte der Mutter, dass der **Eisverkäufer** gekommen war – nein! – der böse Wolf gekommen war.
Die beiden gingen auf die Suche und fanden den Wolf in einem **Vogelnest** – nein! – auf der Wiese. Sie betrachteten ihn von allen Seiten und sahen, dass in seinem dicken **Kofferraum** – nein! – in seinem dicken Bauch sich etwas regte und zappelte. Da schnitt die Alte den Bauch des **Hamsters** – nein! – des Wolfes auf und heraus sprangen die **sieben Zwerge** – nein! – die anderen sechs Geißlein lebendig heraus. Sie suchten dicke **Sahnebonbons** – nein! – dicke Steine, steckten sie ihm in den **Geldbeutel** – nein! – in den Bauch. Dann nähte ihn die Alte in aller Geschwindigkeit wieder zu, dass er nichts merkte und sich nicht einmal regte.

Als der **Lastwagenfahrer** – nein! – der Wolf endlich ausgeschlafen hatte, hatte er großen Durst. So wollte er zu einem **Kiosk** – nein! – zu einem Brunnen gehen und **tanzen** – nein! – trinken. Als er aber ging, so stießen die Steine in seinem **Kopf** – nein! – in seinem Bauch aneinander und rappelten. Da rief er: „Was rumpelt und pumpelt in meinem Bauch herum? Ich meinte, es wären sechs **Elefanten** – nein! – sechs Geißlein, so sinds lauter Wackerstein."* Und als er an die **Autobahn** – nein! – den Brunnen kam und sich über das Wasser bückte und trinken wollte, da zogen ihn die **federleichten** Steine – nein! – die schweren Steine hinein und er musste jämmerlich ersaufen.
Als die sieben **Könige** – nein! – die sieben Geißlein das sahen, tanzten sie mit **ihrem Fensterputzer** – nein! – mit ihrer Mutter vor Freude um den **Zoo** – nein! – um den Brunnen. Und wenn sie nicht gestorben sind, dann **rudern** sie – nein! – dann leben sie noch heute.

* Wackersteine sind große Kiesel- und Ackersteine.

Märchenhafte Zutaten

Märchenhafte Zutaten

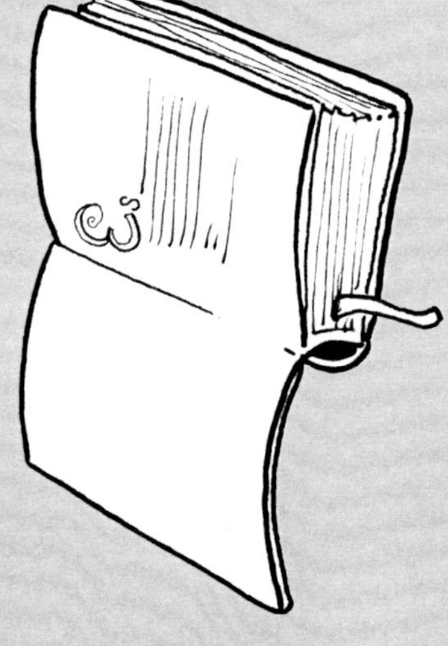

Anfänge

In den Tagen, als das Wünschen noch geholfen hat…

Figuren

Es war einmal…

Ein Vater hatte drei Söhne…

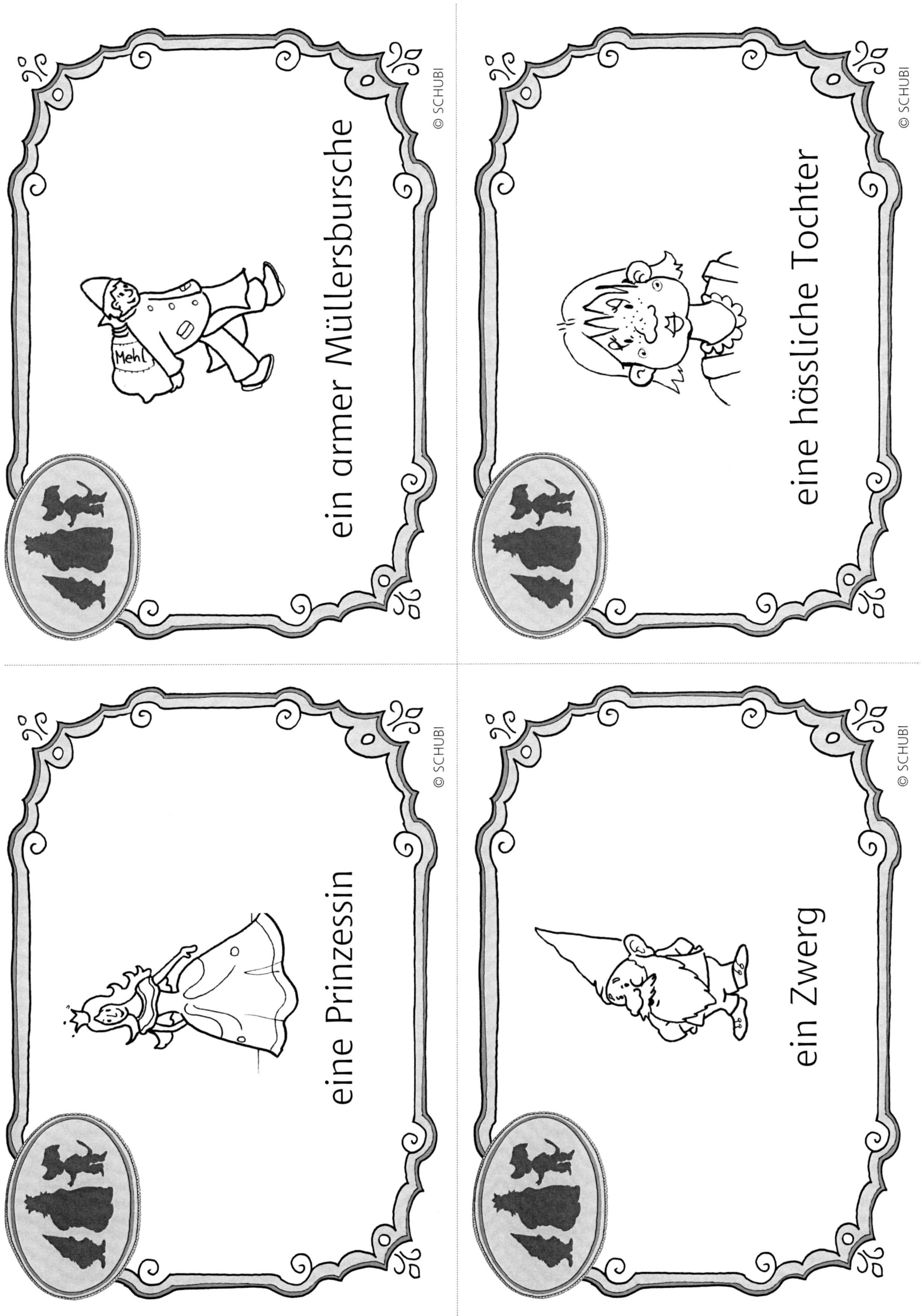

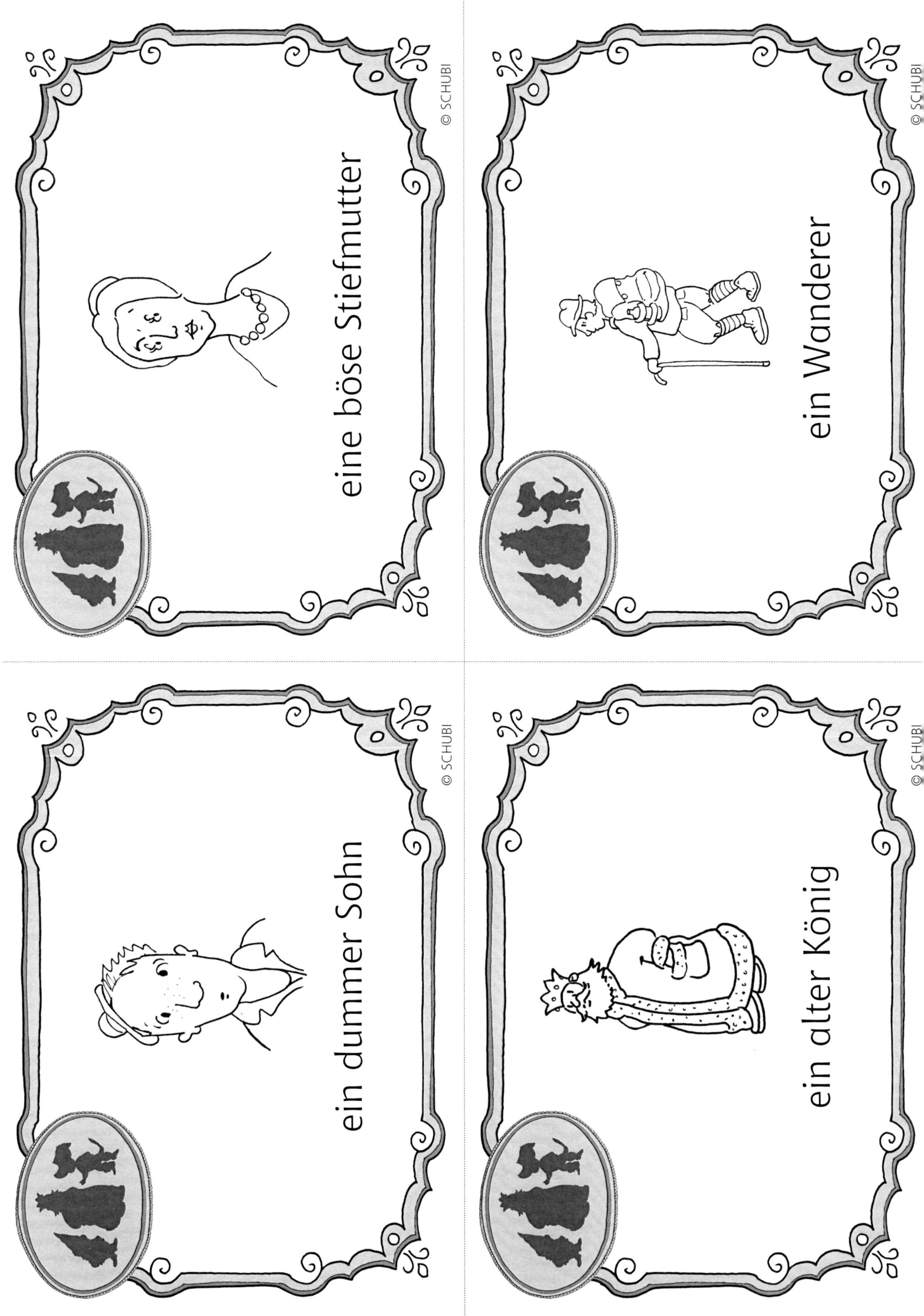

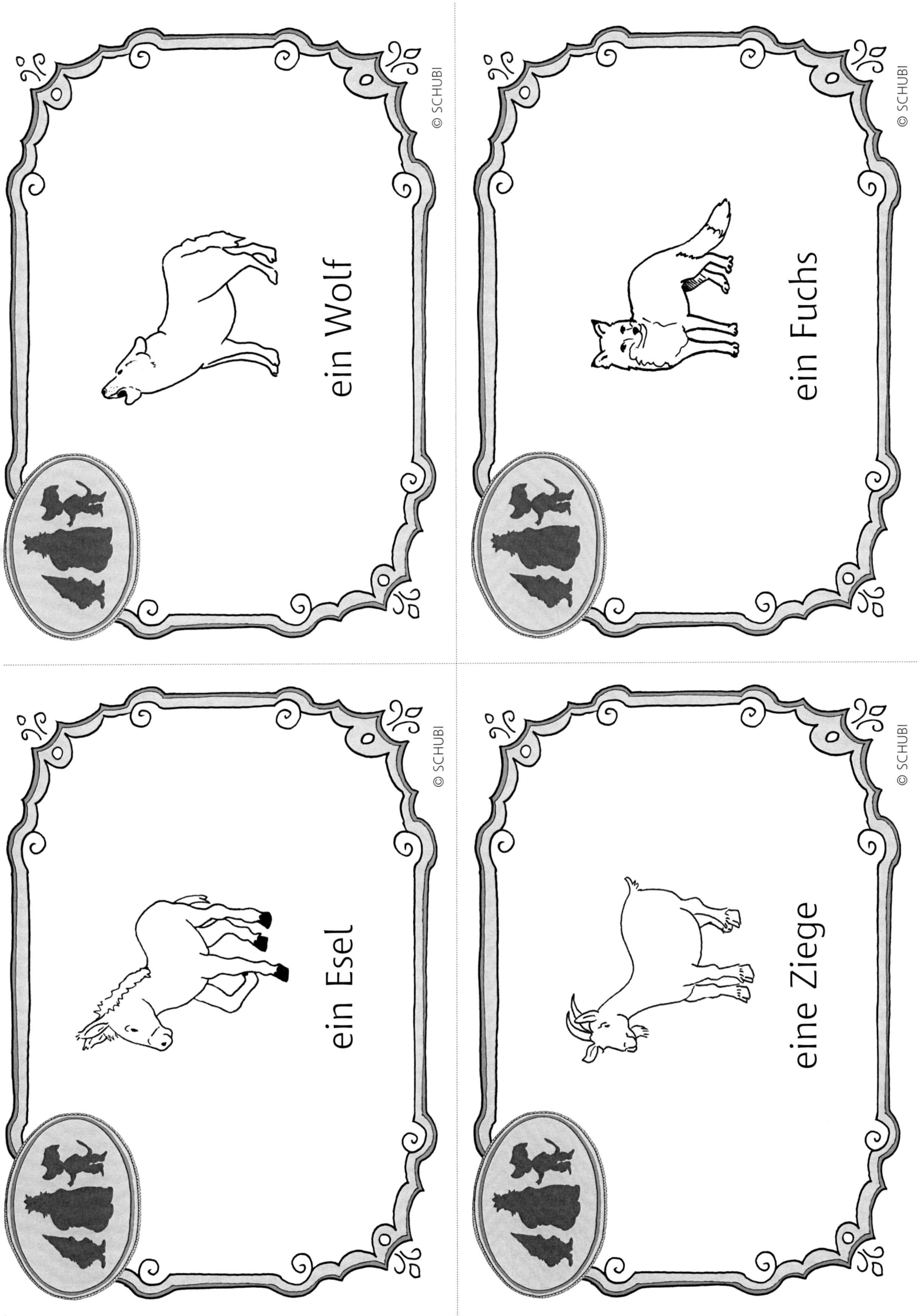

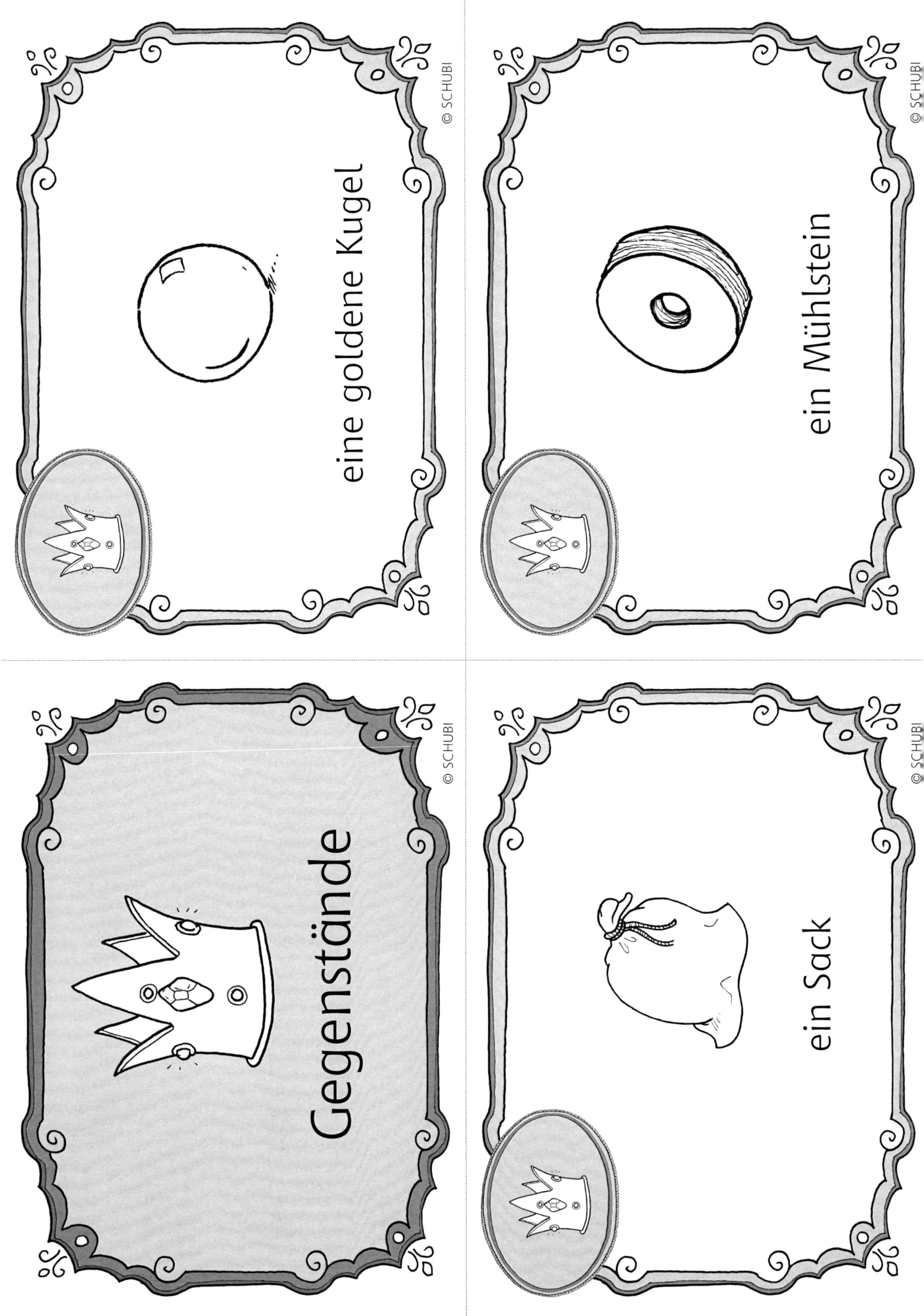

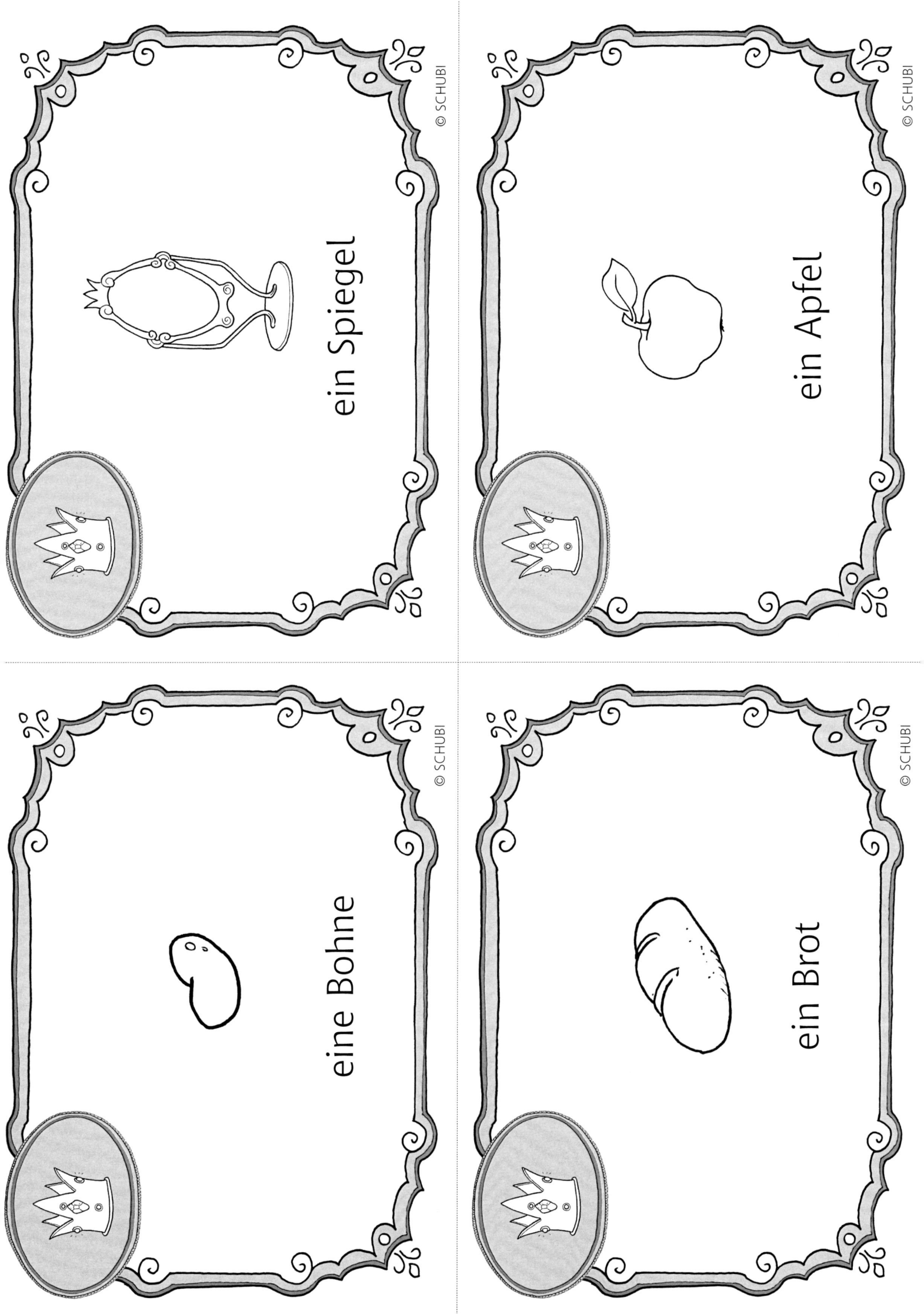

eine Spindel	Jemand findet eine Höhle.
ein Brunnen	**Situationen**

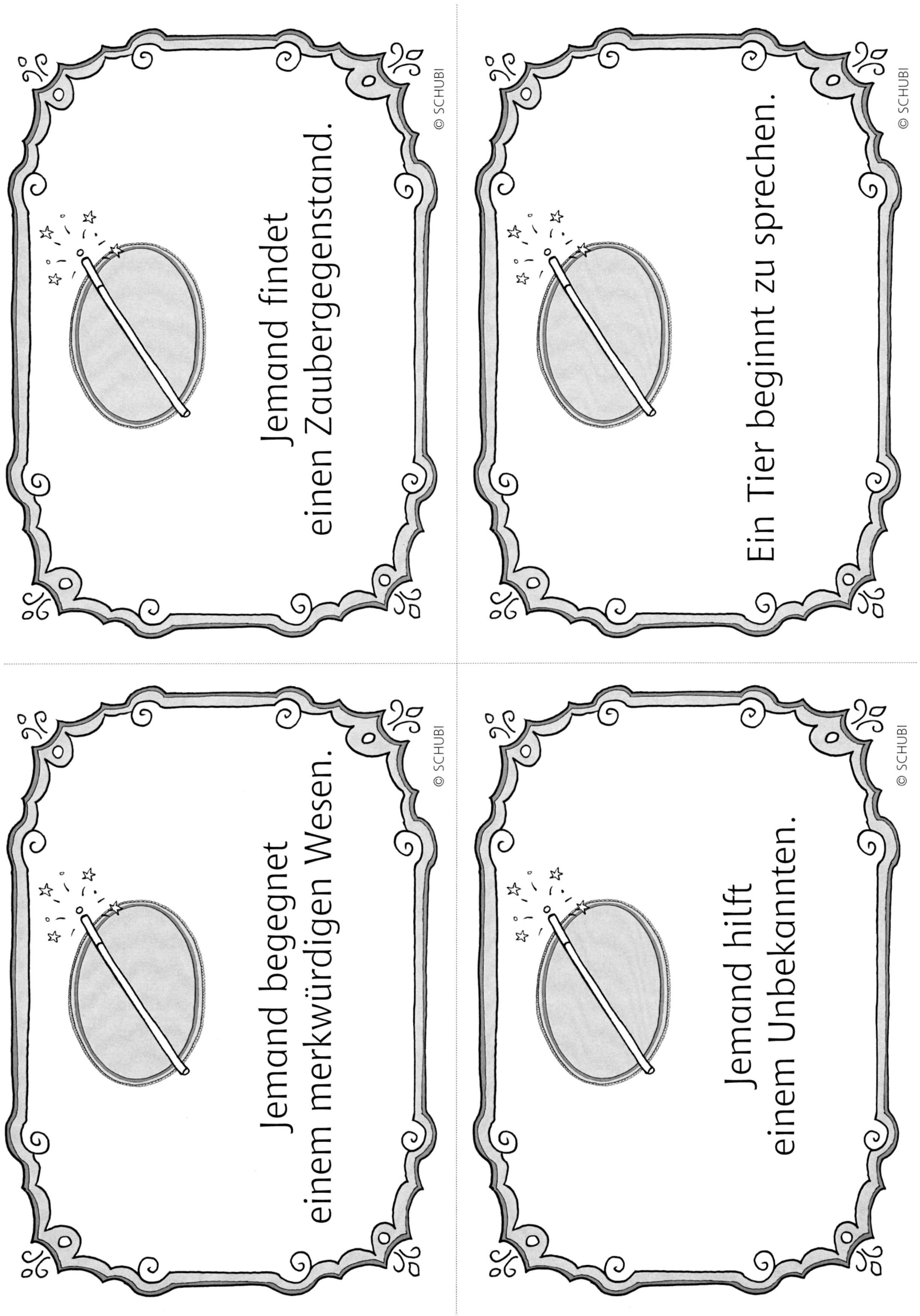

Ein Prinz kommt in die Stadt.

Jemand ist neidisch.

Jemand verliert etwas.

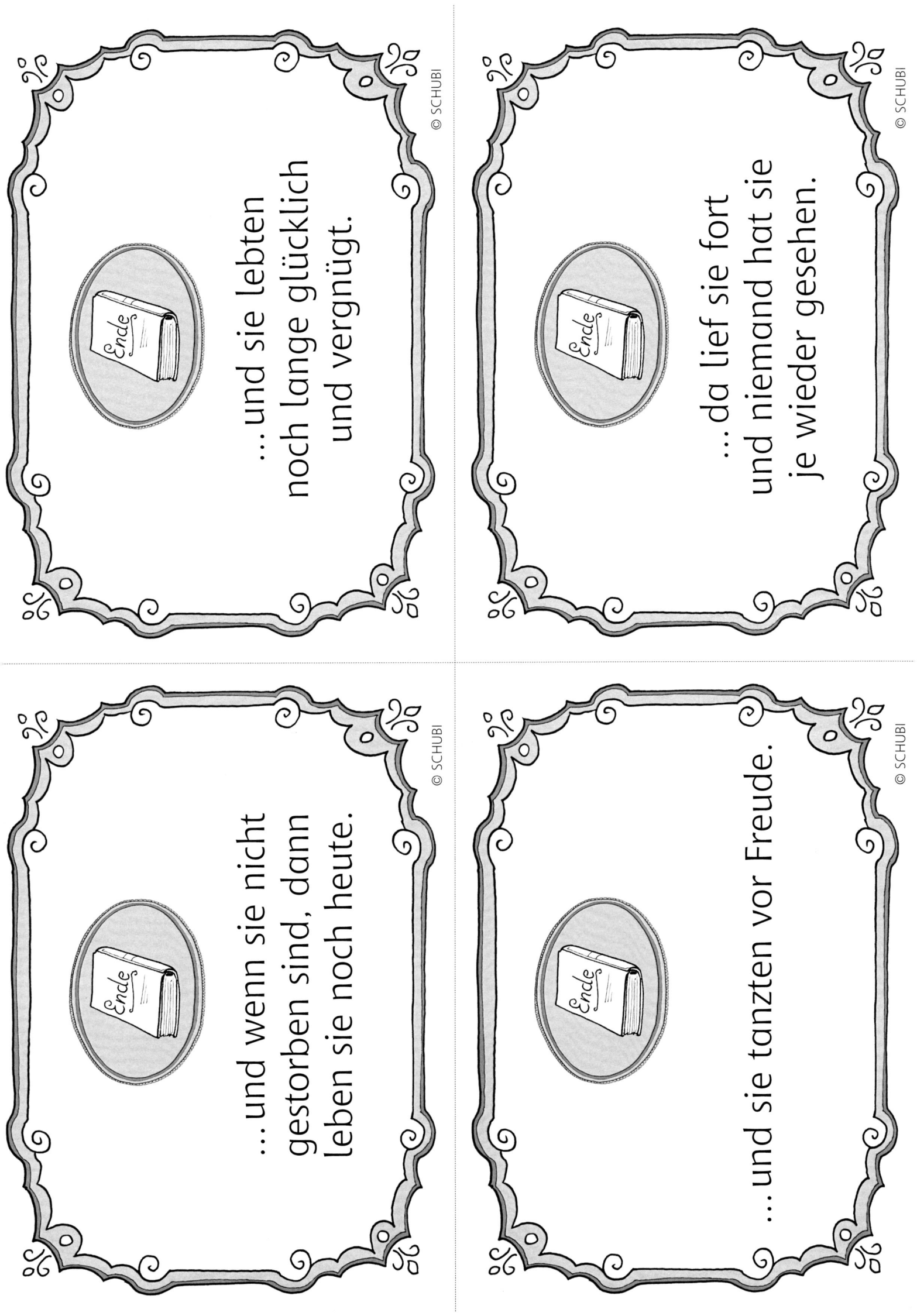

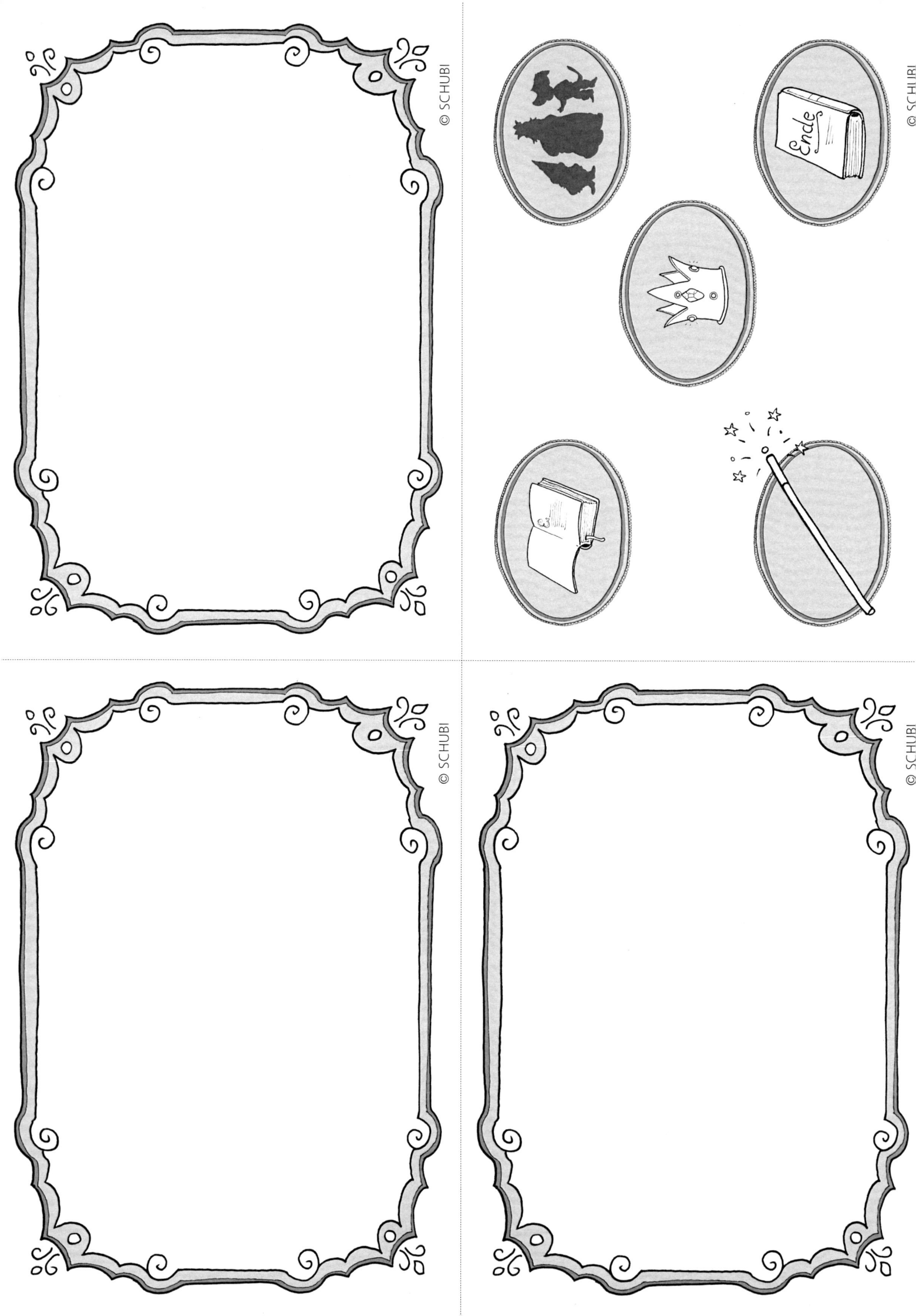